# **Bremen**kompakt

## Rundgänge und Ausflüge

EDITION TEMMEN

Lutz Liffers

# Bremenkompakt

## Rundgänge und Ausflüge

EDITION TEMMEN

# **Bremen** erwartet Sie …

# kompakt:

# Bremen – Stadt am Fluss

Etwa eine Autostunde trennt das offene Meer von Bremen. Doch wer durch die Altstadt hinunter zur Weser schlendert, der kann an manchen Tagen frische Meeresluft schnuppern. Möwen liegen kreischend in der salzig-frischen Brise und zweimal täglich erreicht das Tidehochwasser die Kajen. Kein Wunder, dass sich im Sommer Tausende an der maritimen Meile Bremens aufhalten, in den Biergärten oberhalb der Uferpromenade auf die beschauliche Weser blicken oder unten entlang der zahlreichen Pontons promenieren, an denen Nachbauten historischer Schiffe, Ausflugsliner und Yachten ankern.

Die »Schlachte«, wie man in Bremen die Weserpromenade nennt, war einst ein Welthafen. Von hier aus brachen die Koggen der Hansekaufleute in alle Welt auf und hier wurden Waren aus aller Welt gelöscht. Doch das ist Vergangenheit. Seinen Handel mit der Welt wickelt Bremen an hoch-

## Kurzer Blick in die Geschichte ...

| | |
|---|---|
| 780 | Kaiser Karl der Große beauftragt Willehad mit der Missionierung Norddeutschlands. Auf dem höchsten Punkt der Bremer Düne wird eine Kirche errichtet |
| 888 | Bremen erhält Marktrecht |
| 1358 | Bremen tritt der Hanse bei |
| 1522 | Beginn der Reformation in Bremen |
| 1646 | Bremen wird als freie Reichsstadt anerkannt |
| 1776 | Nach der Unabhängigkeitserklärung der USA entwickelt Bremen intensive Handelskontakte mit Nord- und Südamerika |
| 1857 | Gründung des »Norddeutschen Lloyd« |
| ab 1870 | Die Weser wird begradigt, im Westen entstehen hochmoderne Häfen und die Großwerft A.G. »Weser« |
| 1944 | Durch alliierte Bombenangriffe werden fast alle Hafenanlagen und weite Teile der Stadt zerstört |
| 1945 | Am 27. April befreien britische Truppen Bremen vom Faschismus |
| 1971 | Die Bremer Reformuniversität wird gegründet |
| 1978 | Daimler Benz nimmt die Produktion in Sebaldsbrück auf |
| 1996 | In Bremen wird die letzte Großwerft geschlossen |
| 2000 | Einweihung der Uferpromenade an der Schlachte |
| 2004 | Das Bremer Rathaus und der Roland werden Weltkulturerbe |
| 2005 | Bremen erhält den Titel »Stadt der Wissenschaften« |
| 2009 | Der Deutsche Evangelische Kirchentag ist zu Gast in Bremen |

»Stewardess Anke« führt eilige Gäste der Stadt unter dem Titel »Bremen kompakt« kompetent, schnell und unterhaltsam in 55 Minuten durch die Innenstadt.
Bei Vorlage dieses Reiseführers erhalten Sie 1,- Euro Ermäßigung.
Info: Tel. 6197727

modernen Containerterminals in Bremerhaven und im Neustädter Hafen ab – nach dem Niedergang von Schiffbau und traditionellem Hafenumschlag entwickelte die alte Hafen- und Handelsstadt ein neues Profil als Wissenschaft-, Hightech- und Kulturstandort.

Heute genießen Besucher der Hansestadt eine aufregende Vielfalt: In der City locken neben eleganten Passagen und Shoppingmeilen die prächtigen Fassaden aus unterschiedlichen Epochen - Zeugen einer großen republikanischen Geschichte des traditionsreichen Stadtstaates. Es gibt zahlreiche überregional bedeutende Museen, Bremen verfügt aber auch über eine international anerkannte Theater-, Tanz- und Musikszene - überhaupt werden in Bremen vom Samba-Karneval bis zu den zahlreichen Kulturprojekten in den Stadtteilen Kunst und Kultur groß geschrieben. Nicht zuletzt sind es die unzähligen urigen Kneipen, die internationale Gastronomie und die zahlreichen Jazz-, Beat-, Latin-, Irish- und sonstigen Clubs, die jeden Bremen-Besucher am besonderen Flair dieser Stadt teilhaben lassen.

Bremen ist eine kompakte Stadt. Die wichtigsten Sehenswürdigkeiten, Shopping- und Freizeitmöglichkeiten, Museen und kulturellen Highlights liegen dicht beieinander im Citybereich. Die Bremer nennen ihre sympathisch überschaubare Großstadt deshalb auch augenzwinkernd »Dorf mit Straßenbahn«.

Entdecken Sie mit diesem Reiseführer die Stadt an der Weser und lassen Sie sich von der Vielfältigkeit Bremens begeistern.

**Willkommen in Bremen!**

# Wusssten Sie schon ...?

## Bremen, das kleinste Bundesland Deutschlands

... beherbergt auf gut 40.000 Hektar Fläche knapp 661.000 Bewohner und besteht aus zwei Städten: Bremen und Bremerhaven. Während Bremerhaven an der Wesermündung einen Großteil des Seegüterumschlags von 45 Millionen Tonnen abwickelt, haben sich in der Stadt Bremen Wissenschaft, Automobil- und Raumfahrtindustrie profiliert. Weil sich die Stadt entlang der Weser entwickelt hat, ist sie nur 16 Kilometer breit, aber 38 Kilometer lang. Die Bremer erreichen deshalb von jedem Punkt der Stadt ihr grünes Umland schnell mit dem Fahrrad.

## Das Bremer Wetter

... ist besser als sein Ruf. Golfstrom und atlantische Tiefs bescheren den Bremern überwiegend trockene Tage, milde Winter und recht viel Sonne im Frühjahr und im Herbst. Der Sommer selbst kann heiß werden, aber zahlreiche kurze, heftige Schauer machen den August und September zu den niederschlagsreichsten Monaten in Bremen. Nass wird man in Bremen aber nur relativ selten und Frost und Schnee werden fast wie Volksfeste gefeiert.

## Achtung: Fünfte Jahreszeit!

Die Bremer verfügen mit dem Freimarkt nicht nur über eine »fünfte Jahreszeit«, sie geben sich im Winter vollends einem überaus gesunden Gemüse hin: dem Grünkohl. Während der Frostsaison sieht man überall in Bremen und umzu kleine und große Gruppen fröhlicher Bremer, die mit Würstchen und Schnaps ausgestattet über die Deiche zum nächsten Lokal wandern, um dort das traditionelle Grünkohlessen zu genießen. Viele verbinden das mit dem alten friesischen Spiel »Boßeln« – dann heißt es für Auto- und Fahrradfahrer: Vorsicht vor fliegenden Kugeln!

## Bremen macht schlau

Erst in den 70er Jahren des letzten Jahrhunderts entstand eine einzigartige Reformuniversität, deren Grundideen - Projektstudium, Interdisziplinarität, Abbau der Professorenherrlichkeit - heute von manch altehrwürdigen Instituten als innovative Neuerung auf dem Bildungsmarkt verkauft werden. Heute gilt die Stadt mit zwei Universitäten, Fachhochschulen, einer stark ausgebauten Forschungslandschaft mit vielen renommierten Instituten, wie beispielsweise dem Deutschen Zentrum für Polarforschung in Bremerhaven, als herausragender Wissenschaftsstandort. Im Jahre 2005 wurde Bremen deshalb als erste deutsche Stadt zur »City of Science« gekürt. Die populäre Vermittlung von Wissen und der Dialog mit der Gesellschaft wird im Haus der Wissenschaft direkt am Dom gepflegt.

## Bremen unter Wasser

Wenn bei Flut das Tidehochwasser in der Weser bei Bremen bis auf etwa 2,40 Meter über Normalnull aufläuft, dann liegen weite Teile der Stadt unter diesem Pegel. 155 Kilometer Deichlinie schützen deshalb die Stadt vor der Nordsee und vor der Oberweser. Insbesondere bei starken Regenfällen oder Tauwetter in dem 40.000 Quadratkilometer großen Einzugsgebiet (mit Werra, Fulda und Aller) kann die Weser das abfließende Wasser nicht schnell genug durch Bremen abführen. 1981 kam es zu einem spektakulären Deichdurchbruch, bei dem ein Kleingartengebiet komplett weggespült wurde. Menschen kamen damals glücklicherweise nicht zu Schaden.

# Feste & Feiern an der Küste

Den Norddeutschen wird eine gewisse Nüchternheit und Distanziertheit nachgesagt, doch wer sich den »Festkalender« der Hansestadt ansieht, wird verblüfft feststellen, dass man an der Weser sehr wohl zu feiern weiß.

Schon in den ersten Tagen des Jahres startet die Festsaison mit dem **Sechstagerennen** im AWD-Dome, dem weltgrößten Hallen-Radrennen, das allerdings mehr einem Volksfest als einer Sportveranstaltung ähnelt. Musikprogramm, das »größte Kohlessen der Welt«, Showbühne, Logen für die Prominenz, Biergarten, Gastronomie und im Zentrum die Rennbahn machen die Sixdays zu einer populären Attraktion in Norddeutschland.

Keinen Zugang hat die Öffentlichkeit allerdings zu einem herausragenden gesellschaftlichen Ereignis, dem **Schaffermahl**, ursprünglich ein Abschiedsessen für die Kapitäne der Hansestadt. Seit 1545 trifft sich die Bruderschaft am zweiten Freitag im Februar, um bei einem traditionellen Essen mit Stockfisch und Kohl einen Toast

Bei der »Bremer Eiswette« wird alljährlich am Punkendeich der Schneider gewogen, mit dabei sind auch immer die Heiligen Drei Könige

auf Land und Stadt auszubringen. Hunderte von geladenen Gästen tafeln im Rathaus – allerdings ausschließlich Männer.
Auf das Jahr 1829 geht die **Eiswette** zurück, ein lustiges Spektakel am Weserufer, bei dem ein dürrer Schneider am 6. Januar testen muss, ob die Weser »steiht«, zugefroren, oder »geiht«, offen ist. Derbe Späße zur aktuellen politischen Lage begleiten das Spektakel, bei dem neben dem Eiswettpräsidium, dem Schneider und den Heiligen Drei Königen auch sieben Novizen mit Melone am Osterdeich auftreten. Anschließend kommen 600 geladene Gäste zum begehrten Festessen zusammen.
Ebenfalls im Januar lockt die **Musikschau der Nationen** in den AWD-Dome mit Militärmusikkapellen aus aller Welt.
Anfang Februar wird im »Viertel« eingeheizt. Dann treffen sich über 1000 Trommler und Pfeifer zum größten deutschen **Samba-Karneval**. Mit Masken, bunten Kostümen und südamerikanischen Rhythmen geht der bunte Zug unter jährlich wechselndem Motto vom Marktplatz ins Ostertor, wo ausgelassen getanzt wird.
Danach lockt neun Tage lang die **Osterwiese**, die Bremer Frühjahrskirmes, auf die Bürgerweide.
Im angrenzenden Messezentrum trifft sich einmal im Jahr die internationale Szene zu **jazzahead!**: Ob John Scofield, Julia Hülsmann Trio feat. Roger Cicero, Maria João, Lisa Bassenge, die NDR Bigband, motif, Marc Ducret Trio, Bugge Wesseltoft, Rigmor Gustafsson oder Joe Zawinul – auf den Bühnen findet ein hochkarätiges Programm statt, während die internationale Fachwelt tagt.

Überraschung im Norden:
Samba-Karneval in Bremen

Ambitioniert geht's auch beim internationalen Literaturfestival **Poetry on the road** zu, zu dem alljährlich Autoren aus aller Welt anreisen: Rhythmische südafrikanische Klänge treffen auf energiegeladene schweizerische Wortakrobatik, irische auf osteuropäische Melancholie und menschlicher Laut auf musikalische Töne.
In den Sommermonaten überschlagen sich die Festivals und

Mehrere zehntausend Menschen strömen alljährlich zum internationalen Straßentheaterfestival »La Strada« durch Bremens Innenstadt

Openairveranstaltungen fast: Der Norden der Stadt lädt zum **Vegesacker Hafenfest**, bei dem alle Freunde des Maritimen auf ihre Kosten kommen und am neu gestalteten ältesten künstlichen Hafen Deutschlands schon Meerluft schnuppern.

Ein ganz besonderes Ereignis ist das international renommierte Straßenzirkusfestival **La Strada**: 120 Shows, 60 Künstler aus 13 Nationen mit vielen Erstaufführungen machen das Festival zu einem europäischen Topereignis der Straßenkünstler. Viele Tausend Zuschauer erleben eine knappe Woche lang poetische Lufttänzer, witzige Clowns, fantastische Akrobaten, grellen Witz und politischen Klamauk.

Die **bremer shakespeare company** zieht derweil in den Bürgerpark und spielt vor romantischer Kulisse ihre schönsten Produktionen. Zum Abschluss des **Bremer Theatersommers** gibt das Ensemble ein festliches Sommergastmahl im Park. Ebenfalls im Grünen, aber diesmal in Knoops Park in St. Magnus (im Norden der Stadt), spielt die Deutsche Kammerphilharmonie inmitten uralter Bäume auf romantischen Lichtungen und Wiesen zum **Sommer in Lesmona**. Die meisten Gäste bringen Tischdecken, Baguettes, Rotwein und kleine Naschereien mit. Das dreitägige Musikfestival auf höchstem Niveau genießt Kultstatus und ist ein ganz besonderes Erlebnis.

Der Herbst beginnt in Bremen mit dem **Musikfest Bremen**, ein internationales Festival klassischer Musik an besonderen Aufführungsorten in der Stadt.
Höhepunkt des Jahres ist für viele Bremer der **Freimarkt**, Deutschlands ältestes Volksfest. Zehntausende reisen aus ganz Deutschland an, um auf der Bürgerweide zu feiern und sich zu amüsieren.
Der Winter beginnt in den Bremer Stadtteilen traditionell mit Lampion- und Laternenumzügen. Im Bremer Westen, in Gröpelingen, findet ein ganz besonderes Lichter- und Erzählfestival statt, zu dem alljährlich Tausende durch die dunklen Straßen des Stadtteils ziehen. Unter dem Titel **Feuerspuren** versammeln sich Erzähler aus ganz Europa, um an ungewöhnlichen Orten Geschichten aus aller Welt in vielen verschiedenen Sprachen zu erzählen. Das Festival mit Feuerteufeln und Engeln und einem grandiosen Höhenfeuerwerk am Fluss ist zugleich der Abschluss des Mundwerkerzählfestivals der Region Oldenburg-Bremen.
Die letzten Wochen vor Weihnachten ist der historische Marktplatz Ort des romantischen **Weihnachtsmarktes**, der mit dem legendären Nürnberger Christkindlmarkt durchaus mithalten kann. Neben Glühwein und weihnachtlichen Leckereien bieten die zahlreichen Händler ambitioniertes Kunsthandwerk. Wer jetzt noch kein Weihnachtsgeschenk hat, wird hier sicher etwas finden.

# Bremen kocht

Betty Gleim (1781 – 1827), Bremer Schriftstellerin, Pädagogin und Frauenrechtlerin, notierte in ihrem berühmten Bremer Kochbuch von 1808, »daß in Bremen eine eigene, zum Theil ganz eigenthümliche Manier in der Zubereitung der Speisen stattfindet«. Die traditionelle Bremer Küche ist tatsächlich eine »eigenthümliche« Mischung aus bäuerlich-niedersächsischen Traditionen und einer nicht minder kraftvoll-funktionalen Küche der Seeleute, die im Auftrag der bremischen Kaufleute monatelang die ganze Welt bereisten.
Aal, Granat (= Krabben), Matjes, Hering und Stockfisch bilden die Grundlage der maritimen Küche der Bremer. Vor allem **Stockfisch**, getrockneter Kabeljau und Klippfisch (gesalzen und getrocknet), waren in Bremer Haushalten allgegenwärtig. Auch heute kann man Stockfisch in guten Fischfachgeschäften kaufen – und als regionale Delikatesse genießen.
Für diejenigen, die sich Seefisch nicht leisten konnten, bot die Weser reichhaltige Fischgründe: Flusskrebs, Quappen, Neunaugen und Weserlachs wurden aus dem Fluss geholt. Heute sind diese Arten entweder ausgerottet oder sie stehen unter Naturschutz. Nur der »Stinkfisch«, der **Stint**, ein fingergroßer wendiger Raubfisch, der zur Laichzeit in großen Schwärmen den Fluss heraufzieht, ist nach wie vor eine (erlaubte)

Delikatesse in Bremer Pfannen. Mit Roggenmehl paniert und in Butter gebraten schmeckt er hervorragend zu Feld- oder Kartoffelsalat.

Eine legendäre Spezialität ist das **Bremer Kükenragout**, das ähnlich auch in Hamburg bekannt und beliebt ist. Grundlage dieses Winterfestmahls sind Stubenküken, junge, in der behaglichen Wohnstube unter der Bank schnell gemästete Küken, die zu Ragout verarbeitet werden. Das typische Aroma des Kükenragouts wird aber erst durch eine Brühe erreicht, in der Kalbszunge, Kalbsbries, Schweinefüße und -schwänze verarbeitet werden. Den Pfiff bringt aber erst die gekonnte Abrundung mit Krebsbutter und Zitrone.

Weniger festlich, aber ebenso legendär ist ein Bremer Eintopfgericht, dass unter dem Namen **Pluckte Finken** bekannt ist und aus Pökel- oder Ochsenfleisch, gelben Wurzeln, Kartoffeln und weißen Bohnen besteht. Der deftige Eintopf war offenbar die übliche Wochentagskost auf Bremer Walfischfängern. Die Seeleute nannten das Schälen der Wale und anschließende »In-Stücke-Hauen« der halbmeterdicken Speckschwarte »plucken«, die dabei entstehenden Stücke nannte man »Finken«. Vermutlich erhielt so dieser Eintopf seinen seltsamen Namen.

Das Herz der Bremer Küche allerdings rankt sich um ein legendäres Gewächs, das ursprünglich aus dem Mittelmeerraum stammend längst mit Norddeutschland identifiziert wird: Grünkohl. In Bremen Braunkohl genannt gibt es unzählige Varianten der Zubereitung für diesen außerordentlich gesunden (hoher Vitamin-C-Gehalt!) und wohlschmeckenden Kohl. Klassisch wird **Braunkohl** mit Enten- oder Gänseschmalz, Salz und Zwiebeln lange gegart und mit Kochwürsten, Kasseler, Pinkel und glasierten Kartoffeln serviert. Die Pinkelwurst aus verschiedenen Zutaten (Nierenfett, Zwiebeln, Hafergrütze, Pfeffer und Salz) ist dabei sowohl eine besondere Spezialität als auch das spezielle Geheimnis eines jeden Metzgers im Lande. Wobei sich grundsätzlich Bremer Pinkel von Oldenburger deutlich unterscheidet. Der Name dieser deftigen, fettreichen Wurst rührt von ihrer Haut, dem »Pinkeldarm« (Mastdarm) des Rindes.

Die Bremer verbinden ein deftiges Braunkohlessen gerne mit einer »Kohl & Pinkel-Tour«, einer geselligen, fröhlichen Wanderung über Deiche und Wege, manche boßeln dabei, ab und zu wird ein Klarer getrunken und abschließend kehrt man in einen der zahlreichen Landgasthöfe rund um die Stadt ein und bestellt »Kohl satt«.

Wer danach noch Dessert möchte, ist mit der erfrischenden, fein säuerlichen **Roten Grütze** aus Waldfrüchten bestens bedient. Süßes spielt in der Bremer Küche allerdings eine untergeordnete Rolle. Zwar gibt es noch den Bremer Babbler, Braune Kuchen, Bremer Moppen,

Einst konnte man auf dem Markt alle Zutaten einkaufen

Kürbisbrot, Pumpernickelpudding und Fliederbeersuppe mit Klütjen – aber für den Dessertliebhaber ist dies alles möglicherweise ein wenig zu süß oder zu derb. Dennoch darf man sich eine Spezialität zur Weihnachtszeit nicht entgehen lassen: den **Bremer Klaben**, ein mächtiger Stollen aus Sukkade, Mandeln, Rosinen, Korinthen, Kardamom, Orangenblüten und ein wenig Mehl. Davon sollte man sich eine Scheibe abschneiden – und dünn mit Butter bestrichen genießen.

# Rundgänge

W.F.

# Rundgang 1
# In Bremens guter Stube: Marktplatz, Rathaus, Dom

»Gute Stube« nennen die Bremer ihren Marktplatz und tatsächlich fühlt man sich auf dem Platz sofort wohl. Touristen sitzen vor den imponierenden Kulissen der historischen Gebäude in den Straßencafés der Westseite, vor dem steinernen Roland spielen Musikgruppen auf und unter den Arkaden des Rathauses sitzen alte Damen und junge Familien, die verschnaufen, bevor es weiter Richtung Söge- und Obernstraße hinein in den Einkaufstrubel der City geht.

Auf den steinernen Bänken unter den Arkaden saßen die Bremer Bürger zu allen Zeiten, um dem Treiben auf dem historischen Marktplatz zuzuschauen. Einst tagte hier im Schatten des Rolands das Maßgericht und zwischen Dom, Schütting und Rathaus tummelten sich Kohlhöker – Gemüsebauern – aus dem Umland und Viehhändler mit Schweinen, Ochsen und Federvieh.

Auch heute ist der Marktplatz Mittelpunkt des öffentlichen Lebens der Hansestadt. Hier findet der »kleine Freimarkt« statt, hier erleben Zehntausende den stimmungsvollen Weihnachtsmarkt, hier werden Staatsgäste empfangen oder hier wird – wenn es wieder einmal Anlass gibt – Werder Bremen begeistert gefeiert. Der Marktplatz ist aber auch Ziel politischer Demonstrationen. Denn hier befinden sich sowohl das Rathaus mit der Landesregierung, dem Senat der Freien Hansestadt Bremen, als auch der Landtag, den man in Bremen Bürgerschaft nennt.

Der mächtige, fünfeinhalb Meter hohe, 1404 errichtete **Roland** (1) ist das Wahrzeichen der Stadt. Zwar haben auch andere Hansestädte im Mittelalter den treuen Paladin Karls des Großen als Symbol für ihre bürgerliche Unabhängigkeit gewählt, aber in Bremen steht das älteste und größte steinerne Standbild. Er blickt sanft lächelnd in Richtung Dom, wo bis ins 16. Jahrhundert der größte Widersacher der Bremer Bürger sein Hauptquartier hatte: der landesfürstliche Bischof. Auf Rolands goldenem Wappen ist die Bremer »Unabhängigkeitserklärung« notiert:

*Vryheit do ik iu openbar*
*De karl und menich vorst vorwar*
*Desser stede ghegheven hat*
*Des danket gode is min radt.*

Freiheit offenbare ich euch,
die (Kaiser) Karl (der Große)
und mancher Fürst, fürwahr,
dieser Stätte gegeben hat.
Dafür danket Godt, (das) ist mein Rat.

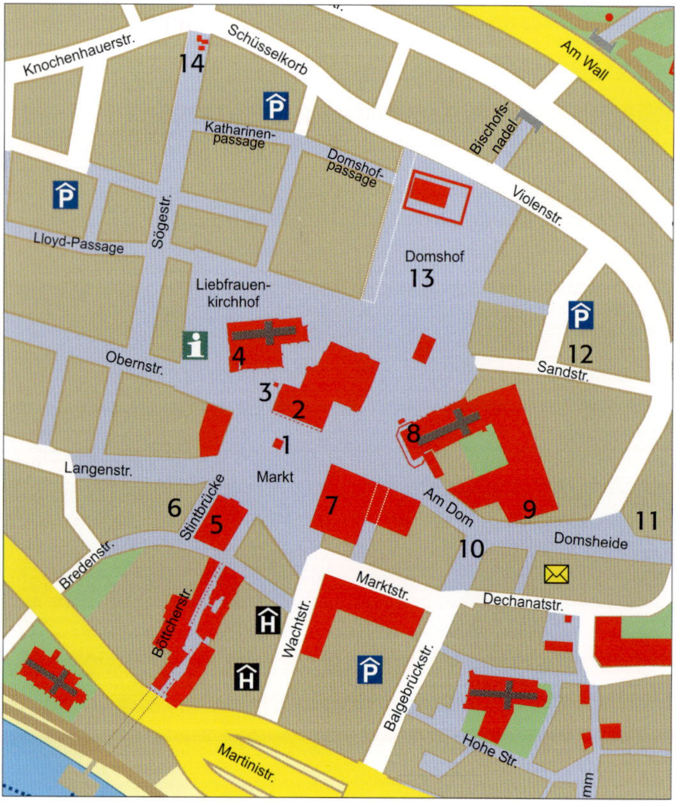


1 Roland
2 Rathaus
3 Bremer Stadtmusikanten
4 Unser Lieben Frauen
5 Schütting
6 Kontorhaus
7 Haus der Bürgerschaft
8 St. Petri-Dom
9 Glocke
10 Domsheide
11 Land- und Amtsgericht
12 Haus der Wissenschaft
13 Domshof
14 »Schweine« an der Sögestraße

Nie mehr wollten sich die mächtigen Bremer Kaufleute dem Landesfürsten unterordnen und so pochten sie darauf, nur dem Kaiser selbst Gehorsam zu schulden. Doch dass Karl der Große Bremen zur unabhängigen Reichsstadt erklärt habe, war eine wohl kalkulierte Finte. Erst 1646 erhielt Bremen - nach Zahlung erheblicher Bestechungsgelder - mit dem **Linzer Diplom** von Kaiser Ferdinand III. die ersehnte Reichsstandschaft ausgesprochen.
Zu den Füßen des Roland lugt ein Bauerngesicht hervor und erinnert möglicherweise an die vielen Kriege, die die Bremer gegen die Völker an der Unterweser führten, um sie ihrem städtischen Einflussbereich zu unterwerfen. Der Volksmund erzählt dagegen eine andere Geschichte: Mit der Figur ist der »Krüppel« verewigt, der den Bremern wie durch ein Wunder den **Bürgerpark** bescherte. Gräfin Emma von Lesum hatte zugesagt, so viel Land an die Bürgerschaft abzutreten, wie ein Mann an einem Tag würde umschreiten können. Ihr habgieriger Schwager, Herzog Benno von Sachsen, setzte allerdings einen Krüppel ein, der mit dem Segen der frommen Emma zum Schrecken des Herzogs ganze 130 Hektar umschritt - und noch am selben Tag vor Erschöpfung starb.
Der Bremer Roland und das Bremer Rathaus wurden 2004 von der UNESCO zum Weltkulturerbe der Menschheit erklärt.

## Weltkulturerbe Bremer Rathaus

Wer sich vor dem Roland stehend dem **Rathaus** (2) zuwendet, blickt auf eine der schönsten Renaissancefassaden Nordeuropas. Auf dem Höhepunkt der Macht der Hansestadt Bremen erweiterte 1605 bis 1616 Baumeister Lüder von Bentheim das alte, um 1400 errichtete gotische Gebäude.
Der mächtige Zentralerker, drei prächtige Giebel und die Arkaden gaben dem schlichten Bau ein neues Gesicht und repräsentierten die gewachsene Bedeutung der Bremer Bürger. Das Bilderprogramm über den Arkaden ist ein beredtes Selbstverständnis der calvinistisch orientierten **Kaufleute:** Da sieht man einen gedemütigt auf allen vieren kriechenden Papst, auf dessen Rücken es sich eine anmutige Frauengestalt als Sinnbild weltlicher Macht bequem macht. Und an anderer Stelle verdünnt eine weibliche Figur ihren Wein mit Wasser und ruft zu Mäßigung und kaufmännischer Selbstdisziplin auf.
Einige allegorische Darstellungen haben im Laufe der Jahrhunderte allerdings eine Umdeutung erfahren. Der Darstellung der »Obhut«, einer Frauengestalt mit Henne und Küken, wurde vom Bremer Schriftsteller Friedrich Wagenfeld Mitte des 19. Jahrhunderts eine Gründungslegende angedichtet: Während eines verheerenden Unwetters entdeckten Fischer auf einer Sanddüne besagte Henne mit ihren Küken. »Dies muss ein sicherer Platz

Karl der Große und Bischof Willehad als Gründer Bremens

sein«, dachten sie und gründeten hier eine erste Fischersiedlung, aus der später Bremen hervorging.

Oberhalb des Balkons wurden acht große Steinfiguren angebracht, die Karl den Großen mit seinen sieben Kurfürsten zeigen – erneut ein Hinweis auf die behauptete Reichsstandschaft der Stadt – an den Seiten finden sich Figuren des Alten und Neuen Testaments. Die Inschriften, die auf griechische Philosophen verweisen, wurden nachträglich angebracht.

Wer die fast immer geöffnete **Untere Rathaushalle** betritt, wird nach dem Überschwang an Bildern, Ornamenten und Schmuckelementen der Fassade fast enttäuscht sein: Die schlichte Halle ist aus gotischer Zeit fast unverändert erhalten. Hier unten tagten Gerichte oder wurde Markt abgehalten. Bis heute finden hier Ausstellungen und Märkte vornehmlich gemeinnütziger Organisationen statt.

Die **Obere Rathaushalle** demonstriert in ihrer Pracht und ihren Symbolen die ganze Macht des mittelalterlichen Bremen. Der 40 Meter lange und 13 Meter breite Saal dient auch heute noch besonderen Empfängen oder Debatten, zu denen der Präsident des Senats oder seine senatorischen Kollegen einladen. An der Holzdecke sind Medaillons mit den Porträts aller deutschen Kaiser von Karl dem Großen bis Sigismund angebracht. An Stahlketten hängen große Messingleuchter und Holzmodelle von bewaffneten Kriegsschiffen, die mit kleinen Miniaturkanonen ausgestattet sind. Früher wurden sie

bei Staatsempfängen mit Schwarzpulver geladen und die Festgäste mit Salutschüssen empfangen. Einmal im Jahr wird in der Oberen Rathaushalle das legendäre **Schaffermahl** ausgerichtet, ein seit dem 16. Jahrhundert stattfindendes Benefizessen des »Hauses Seefahrt«.
Auf einem Wandgemälde sieht man Karl den Großen und Bischof Willehad als Stadtgründer dargestellt, ein zweites zeigt das »Salomonische Urteil«, Mahnung an den Senat zur gerechten Urteilsfindung.
Ein besonderes Kleinod ist die 1612-16 geschnitzte **Güldenkammer**, ein barocker Erker an der Fensterfront, in den sich die Ratsherren zu Beratungen zurückzogen. Das Obergeschoss diente vermutlich seit dem Mittelalter als Podium für die Ratskapelle. Auch hier zeigen verschiedene Allegorien und die Verarbeitung antiker Themen die Leitlinien für eine »gute Regierung«.
Der Worpsweder Künstler Heinrich Vogeler stattete den stark beschädigten Innenraum der Kammer von 1903 bis 1904 neu aus. Goldgrundierte Ledertapete, ornamentierte Wandvertäfelungen, Lampen, Kamine, Türklinken - jedes Einzelteil und ist wie das Gesamtwerk ein Schmuckstück des Jugendstils geworden.

**Rathausbesichtigungen**
Die Obere Rathaushalle und weitere Räumlichkeiten des Rathauses können nur während einer Führung besichtigt werden. Führungen fallen aus, wenn in den Sälen Veranstaltungen der Landesregierung stattfinden.
Mo – Sa 11, 12, 15, 16, So 11 u. 12 Uhr

Traditionelles Schaffermahl in der Oberen Rathaushalle

## Der Ratskeller

Wie schon die Zeitgenossen treffend bemerkten, wurde das Rathaus auf ein »köstliches Fundament« gestellt, auf den **Ratskeller**, in dem der Rat der Stadt seit 1405 Wein ausschenkt. Heinrich Heine besang in dem Gedicht »Im Hafen« den friedvollen Keller, Wilhelm Hauff machte das Gewölbe zum Ort einer fantastisch-surrealistischen Auseinandersetzung um Politik, Liebe und Tod und auch der junge Friedrich Engels erzählt in seinen Erinnerungen von manchem Zechgelage im Ratskeller zu Bremen.

Bis heute sitzen in der dreischiffigen gotischen Halle Einheimische und Gäste weinselig vereint an langen Eichentischen beisammen, umgeben von imposanten Weinfässern, die allerdings nicht mehr gefüllt sind. Gegenüber befinden sich die »Priölken«, kleine Sitznischen, in denen Kaufleute nach langen Verhandlungen die Einigung bei einem Schoppen besiegelten. Die Holztüren wurden niemals verschlossen, um die Ehrbarkeit des vereinbarten Vertrages zu demonstrieren. Gäste können zwischen 600 Spitzenweinen aus 13 deutschen Anbaugebieten wählen, aber keine Angst: Wer »nur« einen Schoppen Wein trinken will, findet sich auf der Tageskarte mit einer kleinen Auswahl schnell zurecht. Die mit historisierenden Kostümen ausgestatteten Servicekräfte servieren auch gern einen kleinen Imbiss.

Das eigentliche Reich von Kellermeister Karl-Josef Krötz und seinem Team beginnt erst jenseits des gemütlichen Schankraums des Ratskellers. Neben dem Hauptkeller liegt der für Veranstaltungen genutzte Hauff-Keller mit Fresken von Max Slevogt, in denen Szenen aus Hauffs Novelle »Phantasien im Bremer Ratskeller« (1826) dargestellt sind. Im Apostelkeller und im Rosekeller lagern uralte Fassweine, u.a. ein Rüdesheimer Apostelwein von 1727, der vermutlich älteste noch trinkbare Wein Deutschlands. Der älteste Wein, ebenfalls ein Rüdesheimer, lagert im Rosefass und stammt aus dem Jahre 1653. Der Wein ist unbezahlbar – aber ob er noch Genießerzungen erfreut, bleibt dahingestellt.

Dahinter erstrecken sich bis unter die Liebfrauenkirche und den Dom reichende Lagergewölbe, in denen der Ratskellermeister bis zu 500.000 Flaschen fachgemäß lagern und reifen lassen kann. Von hier werden Freunde deutscher Weine in aller Welt beliefert, viele deutsche Botschaften gehören zu den Stammkunden des Bremer Ratskellers. Seit einiger Zeit besitzt Bremen sogar einen eigenen Weinberg, allerdings nicht auf stadtbremischem Gebiet. Kellermeister Krötz hat eigens für Bremen 850 Quadratmeter allerbester Moselsteillage am »Erdener Treppchen« gepachtet, auf dem seit 2002 edelsüßer Wein angebaut wird.

**Bremer Ratskeller**
Während man an den Holztischen immer einen Platz findet, sollte man einen Platz in den Priölken unbedingt vorbestellen. Tel. 321676, täglich 11–24 Uhr

**Ratskellerführungen** nach Vereinbarung, Tel. 337788

Auf der Rückseite des Rathauses in der Nähe der Stadtmusikanten befindet sich ein kleiner **Laden,** an dem Ratskellerweine feilgeboten werden.
Mo–Fr 9–18, Sa 9–13 Uhr

Die Bremer Stadtmusikanten sind eines der beliebtesten Fotomotive der Hansestadt

## Auf dem Marktplatz

Die von Gerhard Marcks 1953 gestaltete Figurengruppe der **Bremer Stadtmusikanten** (3) ist in ihrer formalen Klarheit ein Meisterwerk der Moderne. Wer die auf den ersten Blick unscheinbar wirkende Skulptur an der Westseite des Rathauses gefunden hat, wird die Tiere schnell in sein Herz schließen und dabei vergessen, dass die Stadtmusikanten der Brüder Grimm gar nicht bis nach Bremen kamen, sondern sich weit draußen vor den Toren der Stadt niederließen. Wer an die Waden des Esels greift, der wird Bremen noch einmal besuchen, oder ein anderer Wunsch geht in Erfüllung - so sagt man.

Hier an der Westseite des Rathauses befindet sich auch die **Kirche Unser Lieben Frauen** (4), deren Nordschiff und romanische Krypta aus dem 11. Jahrhundert stammen. Die Kirche war neben dem bischöflichen Dom der wichtigste Sakralbau Bremens, diente sie doch dem Rat der Stadt als Gotteshaus und war später Garnisonskirche. Besonders sehenswert sind die bunten Glasfenster von Alfred Manessier, die den sakralen Raum in wunderbarem Licht erscheinen einlassen.

Gegenüber dem Rathaus befindet sich der **Schütting** (5), der traditionelle Sitz der Kaufmannschaft Bremens. Ein Merian-Stich zeigt den Schütting im Vergleich zum Rathaus als das größere Gebäude. Tatsächlich war er über viele Jahrhunderte ein wichtiges Machtzentrum der Stadt. Denn die Geschicke Bremens und seiner Bürger lagen lange in den Händen der einflussreichen Elterleute, der Sprecher der Kaufleute, die über weltweite

Handelsverbindungen verfügten und Reichtum sowie Wohlstand nach Bremen brachten.
1537/38 - auf dem Höhepunkt der Macht der Hansestadt - errichtete Johan de Buschener aus Flandern den prachtvollen Renaissancepalast, der das damals noch schlichte gotische Rathaus tatsächlich weit in den Schatten stellte. Vom alten Schütting ist nur noch der Ostgiebel original erhalten. Die Fassade des Schütting wurde später barockisiert, Prunkportal und Freitreppe kamen im 19. Jahrhundert hinzu. Aus dieser Zeit stammt auch der Wahlspruch der Bremer Kaufleute »Buten un Binnen, Wagen un Winnen« (Draußen und drinnen, wagen und gewinnen), der über dem Portal in Stein gehauen steht.
An der Fassade befinden sich auch die Wappen der verschiedenen Kaufleute. Wer genau hinschaut, entdeckt ein Wappen mit einem aufrecht stehenden gekrönten Fisch. Es verweist auf eine der ältesten Kaufmannsgruppen in Bremen, auf die Bergenfahrer, die mit dem Handel von Stockfisch (getrocknetem Kabeljau) und Hering aus Skandinavien den Grundstein für Bremens Reichtum legten.
Ein »Hauch von Mailand« spürte der Geschäftsführer der Bremer Investitionsgesellschaft im Jahre 2003 bei der Neueröffnung des **Kontorhauses am Markt** (6) unmittelbar neben dem Schütting. Errichtet 1910 - 1912 für die Berliner Disconto-Bank, wurde das Gebäude 2002/03 entkernt und neu aufgebaut. Quer durch den Bau schlug man eine Ladenpassage, und im Kern entstand ein großzügiger Lichthof. Auf 1500 Quadratmeter Gewerbefläche haben sich Edelboutiquen und Nobelbistros angesiedelt und laden zum Kaufrausch ein.
Das **Haus der Bürgerschaft** (7) an der östlichen Platzseite ist Sitz des Landtages, der im Bundesland Bremen *Bürgerschaft* genannt wird. Der Altmeister der klassischen Moderne, Wassili Luckhardt, gewann Anfang der 1960er Jahre den Wettbewerb für den Bau eines Parlamentes. Sein kühner Entwurf eines gläsernen Kubus, der sich respektvoll in die mittelalterliche Struktur des Platzes einfügt, war äußerst umstritten. Eine konservative Bürgervereinigung forderte damals die historisierende Rekonstruktion des im Zweiten Weltkrieg zerstörten Marktplatzes. Vor allem der damalige Bürgerschaftspräsident Hagedorn argumentierte vehement für den Neubau: Man könne die Wunden, die der Krieg geschlagen habe, nicht mit nachgeahmten mittelalterlichen Fassaden zudecken. Vielmehr brauche Bremen ein modernes Parlamentsgebäude, das den demokratischen Neubeginn nach 1945 demonstriere.
Nicht nur von außen ist der Luckhardt'sche Bau ein selbstbewusstes Symbol für Transparenz und Ästhetik. Gerade im Inneren entfaltet er genial eine Verbindung von Funktionalität und Schönheit. Der Plenarsaal im Kern des Hauses

Der Schütting, Sitz der Bremer Handelskammer

lädt geradezu zur Diskussion ein, die Bürger sitzen auf tief heruntergezogenen Balkonen mitten im Geschehen.

So ist auch bis heute das Selbstverständnis der Bremer: Politik findet in Bremen mitten in der Stadt statt. Viele Demonstrationen enden vor dem Haus der Bürgerschaft, das durch keine Bannmeile »vom Volk« getrennt wird. Und oft genug sieht man Mitglieder der Landesregierung mit dem Fahrrad ankommen und mit einer schweren Aktentasche im Rathaus oder der Bürgerschaft verschwinden.

2005 wurde rechts neben dem Haupteingang ein kleiner Skulpturengarten mit Plastiken von Gerhard Marcks eingeweiht.

Hinter der Bürgerschaft befindet sich noch ein Rest des Vorgängerbaus, der neogotischen alten Börse. Der **Börsenhof** wurde 2001 umgebaut und dient heute als Verwaltungsgebäude für die Bürgerschaft. Zwischen dem Börsenhof und dem dem Luckhard-Bau befindet sich der 2005 aufgestellte »Fleischwolfbrunnen« von Daniel Spoerri – ein ironisch-skurriles Memento Mori des 1930 geborenen Bildhauers und Aktionskünstlers.

**Haus der Bürgerschaft**

Besichtigungen sind möglich, wenn keine Plenarsitzungen stattfinden. Im Foyer oder im Festsaal finden regelmäßig verschiedene, meist zeitgeschichtliche Ausstellungen statt.

## St. Petri-Dom

Wer auf der großen Haupttreppe des **Doms** (8) stehend zurückschaut, sieht deutlich, wie das Gelände zum Marktplatz hin abfällt. Der Dom wurde an der Stelle der Sanddüne errichtet, die der kleinen Fischer- und Kaufleutesiedlung ab dem 8. Jahrhundert Schutz vor den ungezähmten Fluten der Weser und der Nordsee bot. Als Karl der Große 780 den Priester Willehad beauftragte, hier einen Bischofssitz zu etablieren, war ihm vor allem an einer Sicherung und Ausweitung der äußerst ungewissen Nordgrenze seines Reiches gelegen. Und als 845 Erzbischof Ansgar vor den Normannen aus dem zerstörten Hamburg nach Bremen fliehen musste, wurde Bremen sogar Erzbistum und Zentrum der Missionierung Nordeuropas.

Von dem hölzernen Bau, den Willehad hier errichten ließ, fehlt heute jede Spur. Erst die aus dem 11. Jahrhundert stammende romanische Basilika überstand Kriege und Feuersbrünste und bildet den Kern des heutigen Doms. 1250 wurde er gotisiert, 1482 wurden Nordturm und Nordschiff bei einem Brand stark beschädigt. Die Reformation ab 1522 vertrieb den katholischen Fürstbischof, der Dom wurde geplündert und vorläufig geschlossen. Als 1638 der Südturm einstürzte, glich das Gebäude von außen fast einer Ruine, während die reformierte Stadt immer prachtvollere Gebäude hervorbrachte.

Erst im 19. Jahrhundert entdeckten wohlhabende Kaufleute den Dom als kulturell wertvolles Erbe. Ab 1888 führte Max Salzmann eine umfassende Restaurierung durch. Die Türme wurden auf 98 Meter aufgestockt, die Fassade neoromanisch gestaltet.

Dass die Fassade ein Kind des ausgehenden 19. Jahrhunderts ist, verrät die mittlere der fünf Steinfiguren zwischen den Portalbögen: Sie stellt Karl den Großen als Bistumsgründer dar – seine Gesichtszüge sind aber dem damaligen Kaiser Wilhelm II. nachempfunden.

Durch die von Peter Fuchs gestaltete bronzene Portaltür mit Motiven des Neuen Testaments gelangt man in das Innere des Doms. Im Eingangsbereich befindet sich der Einstieg in die schmale Wendeltreppe, die hinauf

Rekonstruktion des Doms um 1050

Rechte Seite: St. Petri-Dom

Blick in den Chor des St. Petri-Doms

auf den Südturm führt. Gegen einen kleinen Obulus genießt man dort oben einen herrlichen Blick über die gesamte Stadt.
Im Inneren erwartet den Besucher ein großer, prächtiger dreischiffiger Raum, der durch die pastellfarbene Bemalung des Sandsteins Wärme und Geborgenheit ausstrahlt. Die Bemalung ist eine Rekonstruktion der vermuteten ursprünglichen Farbgebung.
Auffällig sind die deutlichen Unterschiede der drei Längsschiffe: Während den Besucher im Südschiff die wuchtige Dominanz reiner Romanik umfängt, streckt sich das ungleich höhere Nordschiff auf filigranen gotischen Kreuzpfeilern himmelwärts. Es wurde nach dem verheerenden Brand von 1482 neu errichtet. Das mächtige Mittelschiff – eine gotisierte romanische Anlage – bietet den Blick in den Chor und zurück auf die Empore, wo die viermanualige romantische **Sauer-Orgel** (A) von 1894 thront. Bei aller Unterschiedlichkeit ergeben die drei Schiffe des Doms eine eindrucksvoll harmonische Einheit.
Viele Kunstwerke des Doms geben Zeugnis von den tief greifenden Auseinandersetzungen während und nach der Reformation zwischen Bürgergemeinde und Dom. So ist die 1641 im Mittelschiff platzierte **Kanzel** (B) des Bildhauers Jürgen Kriebel mit ihrem reichen Figurenschmuck auch eine Demonstration gegen die überwiegend calvinistisch-bilderfeindlich orientierten Bremer.
Ein besonders wertvolles Schmuckstück ist die von einer um 1500 aus Brabant eingewanderten Künstlerfamilie gestaltete **Lettnerbrüstung** (C) an der Empore. Im Zentrum ein bekanntes Motiv der Stadtgeschichte: Karl der Große und Bischof Willehad halten gemeinsam ein Abbild des Doms in der Hand. Bedeutende Personen des öffentlichen Lebens des Erzbistums sind rechts und links abgebildet.
Als eines der wichtigsten erhaltenen Kunstwerke gelten die **Chorgestühlswangen** (D) die 1823 beim Abbruch des Gestühls gerettet und im Südschiff aufgestellt wurden. Auch hier wird Bremer Geschichte wieder lebendig: Eine Wange mit alttestamentarischen Motiven thematisiert die Auseinandersetzungen zwischen Erzbischof und Stadt, auf deren Höhepunkt der Bischof den hölzernen Roland zerstören ließ.
Zahlreiche, teilweise reich ausgeschmückte Epitaphien zeugen von der lutherischen Geschichte des Gebäudes. Im Dom befindet sich auch die Grabplatte des Freiherrn von Knigge (1752 – 1796), der sich als scharfzüngiger Denker und kulturbegeisterter Theaterliebhaber in Bremen einen Namen gemacht hatte.
Nicht versäumen sollte man einen Besuch in den **Krypten** des Doms. Liebhaber der Romanik können in der Ostkrypta vier fantastisch anmutende Kapitelle von vor 1100 entdecken, auf denen vorchristliche mythische Figuren mit

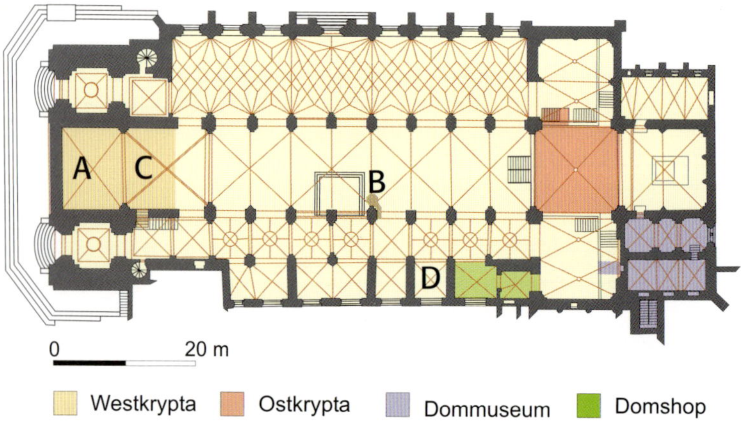


christlichen Symbolen verwoben werden. Die Westkrypta wird dominiert von dem auf vier Löwenreitern platzierten bronzenen Taufbecken aus dem 13. Jahrhundert. In der Krypta befindet sich auch das älteste Steinbildwerk des Doms, ein thronender Christus als Weltenrichter. In der Westkrypta befindet sich ein weiterer Schatz: ein 1732 im sächsischen Freiberg von Gottfried Silbermann erbautes Orgelpositiv. Nach der deutschen Wiedervereinigung 1989 fertigte das Silbermannmuseum bei Dresden eine Kopie des wertvollen Instrumentes an.

Im südlichen Querschiff befindet sich der Eingang zum **Dom-Museum**. Gezeigt werden wertvolle Fundstücke aus der Geschichte des Bistums, die zum großen Teil während archäologischer Grabungen im Inneren des Doms in den 70er Jahren des 20. Jahrhunderts gefunden wurden. Herausragend sind Kleidung, Goldschmiedearbeiten und weitere Beigaben aus verschiedenen Bischofsgräbern. Darüber hinaus ist die Geschichte des Doms vom ersten hölzernen Bau bis zur Renovierung Ende des 19. Jahrhunderts anschaulich dokumentiert.

In unmittelbarer Nähe des Doms befindet sich eine umstrittene Kuriosität. Im **Bleikeller** werden acht mumifizierte Leichen aus dem 17. und 18. Jahrhundert ausgestellt. Entstanden ist diese makabre Attraktion zufällig: Ein im 15. Jahrhundert ums Leben gekommener Dachdecker war in den damaligen Bleikeller gebracht worden - und dort hatte man die Leiche vergessen. Die extreme Trockenheit des Raumes mumifizierte den Leichnam. Erst Jahre später entdeckte man die Mumie. Nun wurden immer wieder Tote, deren Angehörige nicht auffindbar waren, in den Keller gebracht. Bald wurde aus dem Keller eine Attraktion für Touristen. Zu Beginn des 19. Jahrhunderts wurde diese Form der »Bestattung« verboten, die schon dort liegenden acht Mumien werden jedoch bis heute ausgestellt.

**St. Petri-Dom**
Mo–Fr 10–17, Sa 10–13.45,
So 14–17 Uhr

**Dom-Museum**
Mo–Fr 10–17, Sa 10–13.45, So 14–17 Uhr, (Im Winter 2. Nov.–14. April Mo–Fr 10–16, Sa 10–13, So 14–17 Uhr)

**Turmbesteigung**
Von Mai bis Oktober (265 Stufen)

**Orgelkonzerte**
Sowohl auf der einmanualigen Silbermann-Orgel von 1732 (restauriert 1994) als auch auf der viermanualigen Sauer-Orgel (umgebaut 1894) und der »Bach-Orgel« (D) von van Ulpen (1962–1966) finden regelmäßig Konzerte statt.

**Bleikeller**
von Ostersonnabend bis 31. Oktober geöffnet, Mo–Sa 10–17, So 12–17 Uhr

Der ehemalige Kreuzgang des Doms und das Kapitelhaus beherbergen ein Restaurant.

Vor dem Portal des Doms befindet sich eine Darstellung Karls des Großen als Domgründer

## Domsheide und Domshof

An das Kapitelhaus schließt sich das Gebäude der **Glocke** (9) an, ein traditionelles Konzerthaus, dessen mittelalterlicher Vorgängerbau wegen seiner achteckigen Gestalt von den Bremern »Glocke« genannt wurde. Das heutige Gebäude wurde 1928 von Walter Görig im Art-Déco-Stil errichtet und vor wenigen Jahren behutsam restauriert und umgebaut. Heute ist die Glocke Ort eines ambitionierten Musikprogramms.

**Die Glocke**, das Bremer Konzerthaus
Domsheide 4–6, Ticket-Service und
Info-Hotline 0421-336699
www.glocke.de

Vor der Glocke befindet sich der Hauptverkehrsknotenpunkt des öffentlichen Nahverkehrs, die **Domsheide** (10). Von hier aus gelangt man schnell zum Hauptbahnhof (4 Min.), zum Flughafen (12 Min.), zur Universität und in alle Stadtquartiere.
Ihren Namen erhielt die Domsheide, da sie von den Bischöfen als öffentliche Gerichtsstätte genutzt wurde. Ein Gericht gibt es hier heute noch an der Ostseite des Platzes: Hinter der mächtigen Fassade mit Darstellungen der Zehn Gebote befindet sich das **Land- und Amtsgericht** (11), das 1892 bis 1895 von den Oldenburger Architekten Klingenberg und Weber erbaut wurde. In diesem Gebäude wurde während des Nationalsozialismus der 16-jährige polnische Zwangsarbeiter Walerjan Wrobel zum Tode verurteilt, weil er aus Heimweh eine Scheune in Brand gesteckt hatte, in der Hoffnung, zur Strafe nach Hause geschickt zu werden. Ein weiterer, mächtiger Bau in historisierendem Stil vom Ende des 19. Jahrhunderts beherrscht den Platz: die **Hauptpost** mit einem kleinen Glockenspiel im Schmuckgiebel.
Von der Domsheide gelangt man über die Violenstraße und Sandstraße zum **Haus der Wissenschaft** (12). Das kleine Bürgerhäuschen inmitten unstrukturiert wirkender Nachkriegsbebauung beherbergte einst den 1846 von Zigarrenmachern gegründeten Verein »Vorwärts«, der sich die allgemeine Bildung seiner Mitglieder zum Ziel gesetzt hatte.
Das traditionsreiche Gebäude wurde 2005 als Haus der Wissenschaft neu eröffnet und bietet spannende Einblicke in die Welt des Wissens und der Forschung. Mit Ausstellungen und Gesprächsrunden werden aktuelle Themen aus Wissenschaft und Technik präsentiert. Jeden Samstag findet um 11 Uhr ein kurzer Vortrag statt.

**Aktuelles Programm:**
www.hausderwissenschaft.de

Wenige Schritte weiter gelangt man zum Ende des kurzen Rundgangs auf den **Domshof** (13). Er befindet sich an der Nordseite des Doms und war einst das, was heute die Domsheide ist, der Hauptverkehrsknotenpunkt der Stadt. Hier warteten Droschken auf ihre Kunden,

Postverbindungen mit den umliegenden Großstädten hatten hier ihr Ziel und am Platz befanden sich die wichtigsten Hotels der Stadt. Traditionell wurde der Platz auch für verschiedene Märkte genutzt und bis heute bauen hier täglich Marktbetreiber einen der schönsten Bremer Wochenmärkte im Schatten der Domtürme auf.

Nicht nur an heißen Tagen ist der verspielte **Neptun-Brunnen** von Waldemar Otto eine Attraktion. Aus den Tiefen des Meeres scheint der Meeresgott gerade aufgetaucht, seine wild galoppierenden Pferde speien Wasser aus ihren Nüstern und überall spritzt und schäumt es. Dazwischen planschen im Sommer nicht nur Kinder, sondern oft auch Touristen, die ihre müden Füße im kalten Wasser kühlen.

Ganz in der Nähe des Neptun-Brunnens, direkt am Dom, befindet sich der »**Spuckstein**«, der auf eine grausige Geschichte hinweist:

Der Neptun-Brunnen wurde von den Marktbeschickern gestiftet und ist an heißen Tagen eine Oase in der Innenstadt

An dieser Stelle wurde am 21. April 1831 Gesche Gottfried geköpft, der man den Giftmord an 15 Bremern vorwarf. »Ich konnte mit Lust Böses tun«, soll sie in den Verhören gesagt haben. Rund 35.000 Menschen versammelten sich auf dem Domshof, um die Hinrichtung des »Scheusals« zu erleben. Noch Jahrzehnte danach bespuckten die Bremer den Stein, der an den Tod der Giftmischerin erinnerte.
Umgeben ist der Platz von mächtigen Sandsteinfassaden verschiedener Bankgebäude. Die Bremer Bank, Anfang des 20. Jahrhunderts im Weserrenaissance-Stil errichtet, und die Deutsche Bank von 1891 verschaffen dem Platz ein großstädtisches Ambiente. Durch das Gebäude der Deutschen Bank wurde vor wenigen Jahren die **Domshofpassage** geschlagen, durch die man vorbei an eleganten Läden und schicken Bistros bis zur Katharinenpassage und zur Fußgänger- und Einkaufszone Sögestraße bummeln kann.
Der Domshof ist mit 135 Metern Länge und 60 Metern Breite der größte Platz in der Bremer Altstadt und diese Größe machte ihn zum Problem für die Stadtplaner: Er wirkte ungastlich und leer, bis man ihn mit dem modernen Neubau des **Café Alex** nach Norden hin einen Abschluss gab. Von der Terrasse des Cafés aus hat man unter einem riesigen Glasdach sitzend einen guten Blick auf Dom und Domshof.

# Shoppen in der City

Die Schweineherde an der **Sögestraße** (14) markiert den Eingang zur traditionellen Shoppingmeile der Bremer City. Auch wenn in den letzten Jahren zahlreiche elegante Passagen entstanden sind, geht nichts über einen gemütlichen Einkaufsbummel durch Söge- und Obernstraße. Von großen Kaufhäusern über internationale Handelsketten bis hin zu alteingesessenen Bremer Firmen findet man hier alles.

Leider sind von der ursprünglichen Altstadt im wahrsten Sinne des Wortes nur noch Bruchstücke erhalten. Die meisten Gebäude und Fassaden entstanden nach dem Krieg – teilweise historisierend – neu. Auch das eindrucksvolle Gewerbehaus am **Ansgarikirchhof** ist eine Rekonstruktion aus den 1950er Jahren. Nur das Barockportal blieb von dem 1618–21 errichteten Renaissance-Stadthaus übrig. Die 1224 begonnene **Ansgarikirche** mit ihrem mächtigen Turm wurde ebenfalls ein Opfer des Krieges. Ein Denkmal erinnert an ihren Standort.

Einen Abstecher wert ist der Tidebrunnen am Durchgang zur Schlachte: Er veranschaulicht eindrucksvoll die Tidewelle, die Bremen zweimal täglich vom Meer her erreicht.

Mehr zum Shoppen erfahren Sie im Kapitel »Bremen von A–Z« am Ende dieses Reiseführers.

BÖTTCHERSTRASSE

# Rundgang 2
# Böttcherstraße, Weserpromenade, Medienquartier

## Die Böttcherstraße

Vom Marktplatz führt links am Schütting vorbei ein Durchgang direkt zur Böttcherstraße, deren Eingang durch eine große goldene Reliefplatte des Bildhauers Bernhard Hoetger unübersehbar markiert wird: **»Der Lichtbringer«**.

Betritt man unter den Torbogen hindurch die Straße, erwartet den Besucher ein einmaliges historisches und architektonisches Ensemble.

Die Böttcherstraße war ursprünglich die Heimat der Fassmacher (Böttcher), doch mit dem Umzug des Hafens weserabwärts gingen auch die Fassmacher. Die alte Handwerkergasse verfiel. Der Bremer Kaufmann Ludwig Roselius, Erfinder des koffeinfreien Kaffee HAG, kaufte im Jahr 1902 das Haus Nr. 6, ein altes Packhaus, das als Einziges noch von der alten Böttcherstraße geblieben war. Später kaufte Roselius nach und nach auch die weiteren Häuser auf, die er abreißen ließ.

Die westliche Straßenseite ließ Roselius von Alfred Runge und Eduard Scotland im »Heimatschutzstil« neu bauen – Zitate mittelalterlicher Stadtarchitektur finden sich hier ebenso wie traditionelle Materialien niedersächsischen Bauens. Die gegenüberliegende Seite schuf **Bernhard Hoetger**, der nicht als Architekt, sondern als Bildhauer an die Lösung der Aufgabe ging. Mit expressionistischer Leidenschaft entstand eine Fassadenlandschaft, durchsetzt von damals modernsten Materialien wie Buntglas und Stahl, die ihresgleichen sucht.

Am eindrucksvollsten ist dies am **Paula-Becker-Modersohn-Haus** (1) zu erleben, das mit seinen organischen Formen wie modelliert wirkt. Einer Grotte gleich öffnet sich die Vorhalle zum Treppenhaus, durch das man in die Ausstellungsräume der »Kunstschau« gelangt. Durch die Vorhalle, vorbei an Hoetgers Plastik »Madonna« gelangt man in den **Handwerkerhof** (2), wo u.a. ein Glasbläser arbeitet. Die Roselius-Büste erinnert an den Kunstmäzen und der Sieben-Faulen-Brunnen thematisiert eine alte Bremer Legende.

Die »Kunstschau« selbst beherbergt eine wichtige Sammlung von Bildern der Worpsweder Künstlerin **Paula Modersohn-Becker** (1876 - 1907), die sich nach Studienaufenthalten in Paris Anfang des 20. Jh. zu einer Wegbereiterin der Moderne entwickelte. In Bremen und Worpswede blieb ihr die Anerkennung verwehrt. Ihre Malerei galt bestenfalls als »naiv«, der Kunstpapst Artur Fitger schrieb nach einer Ausstellung eine vernichtende Kritik. Heute gilt die

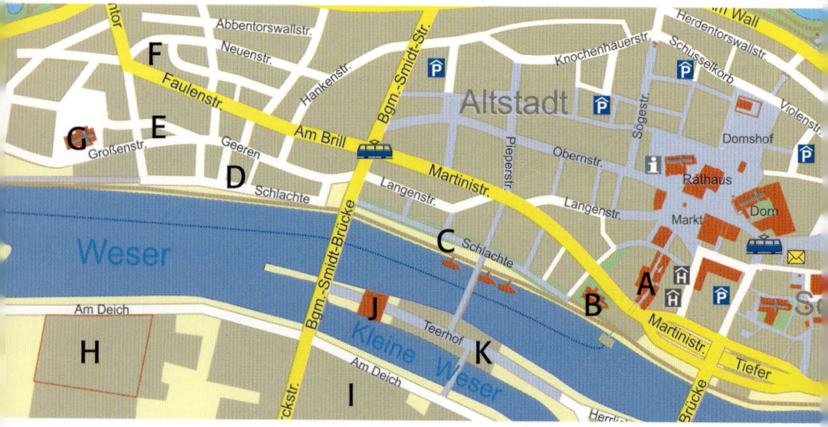


A-Böttcherstraße, B-St. Martini, C-Schlachte, D-Jugendherberge, E-Radio Bremen, F-Bamberger / VHS, G-Kulturkirche St. Stephani, H-Besucherzentrum Beck's Brauerei, I-Haus am Deich, J-Neues Museum Weserburg / Gesellschaft für aktuelle Kunst, K-Teerhof

jung gestorbene Künstlerin als eine der bedeutendsten Malerinnen Deutschlands. Neben den weltbekannten (Selbst)Porträts finden sich zahlreiche Landschaftsstudien in der Sammlung.

Der Kunstschau angeschlossen ist das **Museum im Roselius-Haus** (3), das erste von Roselius erworbene Haus auf der Böttcherstraße. Das einstige Packhaus wurde 1928 von Carl Eduard Eeg zu einem repräsentativen Stadthaus umgebaut und dient seitdem als kulturgeschichtliches Museum. Die etwas eigentümlich und chaotisch anmutende Sammlung - Roselius wollte ein »Idealbild einer historisch-norddeutschen Wohnstätte« präsentieren, und keine Kunstsammlung - zeigt wertvolle Arbeiten des 12. bis 19. Jahrhunderts. Von der Öffentlichkeit kaum beachtet finden sich Werke von Tilman Riemenschneider, Lucas Cranach, Ludger tom Ring und der Silberschatz der Compagnie der Schwarzen Häupter aus Riga.

**Kunstsammlungen Böttcherstraße**
Paula Modersohn-Becker Museum
Tel. 3365077, Di–So 11–18 Uhr

**Museum im Roselius-Haus**
Tel. 3365066/77, Di–So 11–18 Uhr

Vor dem Roselius-Haus befindet sich ein kleiner Platz, von dem man einen guten Blick auf das **Haus des Glockenspiels** (4) hat. Dreimal täglich (12, 15, 18 Uhr) erklingen 30 Meißner Porzellanglocken, aufgehängt an einem geschmiedeten Lebensbaum. Das Glockenspiel ist das Werk des Musikers Lutz Dietze, der im Meißner Werk als Spezialist für das Stimmen der empfindlichen Glocken galt. Als Zeuge Jehovas wurde Dietze 1933 ins KZ Burg Hohnstein verschleppt. Die Direktion der Meißner Porzellanwerke ließ den Häftling eigens für den Bremer Auftrag aus dem KZ holen. Nach der Einweihung im Mai 1934 wurde Dietze erneut inhaftiert. Er starb 1936 an den Folgen der Haft.

Das Glockenspiel in der Böttcherstraße spielt zehn Lieder, während sich an dem Ecktürmchen ein Fenster öffnet, hinter dem ein farbiger Bilderzyklus verschiedene »Ozeanbezwinger« zeigt. Das ganze Ensemble ist eine Arbeit von 1934, was sich auch in kantig geschnitzten Heldengesichtern und einer markigen Schlusstafel zeigt. Eine ganz andere Atmosphäre umgibt den Besucher, der in den angrenzenden **Hoetgerhof** (5) tritt. Hier befinden sich einige Plastiken des Künstlers, die in der kleinen Abgeschiedenheit des Hofes in Ruhe studiert werden können.

Gegenüber lockt das große Geld. Im 1923–27 erbauten **Haus St. Petrus** (6) befindet sich seit 1980 die Bremer Spielbank. Hier wird Blackjack und Roulette gespielt, angemessene Kleidung ist angezeigt, aber prinzipiell kann jeder sein Glück versuchen.

Am Ende der Straße hat Hoetger mit dem **Haus Atlantis** (7) einen beeindruckend expressionistischen Bau geschaffen, dessen heutiges Äußeres allerdings nicht mehr entfernt an den Ursprungsbau erinnert. Vom Hoetgerbau erhalten sind nur noch Elemente im Inne-

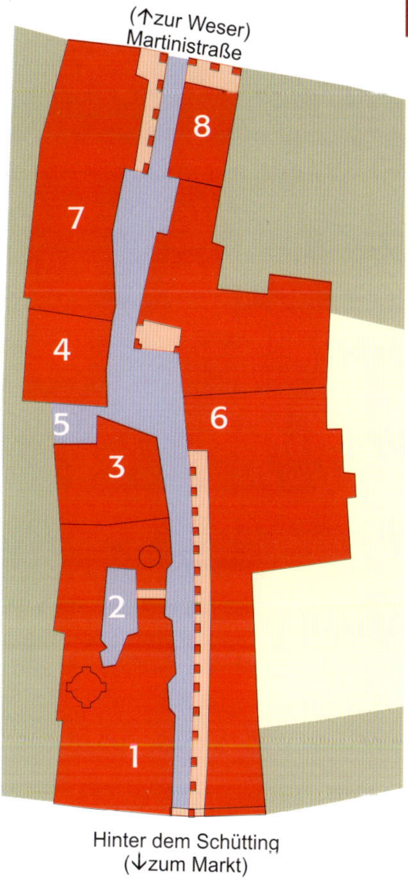


Paula Becker-Modersohn-Haus (1)
Handwerkerhof (2)
Roselius-Haus (3)
Haus des Glockenspiels (4)
Hoetgerhof (5)
Haus St. Petrus (6)
Haus Atlantis (7)
Robinson-Crusoe-Haus (8)

Blick in den Himmelssaal

ren. Besonders sehenswert ist das Treppenhaus aus Stahl, Glas und Beton – einer der schönsten expressionistischen Räume Bremens. Die Treppe führt in den »Himmelssaal«, einen sakral wirkenden Raum mit einem Kuppelgewölbe aus blauen Glasbausteinen. Hoetger hatte die moderne und eigenwillige Fassade des Hauses mit einer übergroßen an Odin und Christus gleichzeitig erinnernden Figur ausstatten lassen, die im Krieg vom einzigen Bombentreffer in der Böttcherstraße komplett zerstört wurde. Die heutige Fassade stammt von Ewald Mataré.

1931 errichtete Karl von Weihe gegenüber dem Haus Atlantis das **Robinson-Crusoe-Haus** (8) und erinnerte damit an die berühmte Romanfigur, deren Vater aus Bremen stammte. Im Ladenlokal im Erdgeschoss sind wechselnde kunsthandwerkliche Verkaufsausstellungen zu sehen.

Viele Besucher aus aller Welt ahnen heute nichts von der Geschichte der Straße während der Zeit des Nationalsozialismus. Roselius, ein Sympathisant der NSDAP, verfolgte mit seiner Böttcherstraße auch das Projekt eines schwärmerischen Nationalismus, für den er sich bei der NSDAP Rückhalt erhoffte. Doch Hitler persönlich verdammte die Böttcherstraße als »entartete Kunst« und nur dem Einfluss Roselius war es zu verdanken, dass die Straße nicht abgerissen werden musste.

Aus der engen Gasse heraustretend, stehen Besucher vor der vierspurigen Martinistraße, die

die Altstadt von der Weser trennt. Heute würde man diese verkehrspolitische Sünde der Nachkriegszeit gern ungeschehen machen. Bis zu einer durchschlagenden Lösung zur Überwindung der Barriere muss man sich mit dem Fußgängertunnel wenige Schritte weiter rechts begnügen, durch den man direkt an die Weser gelangt.

Für Rollstuhlfahrer ist die Unterführung nicht geeignet, da es keinen Aufzug gibt. Es muss deshalb ein Umweg von ca. 40 Metern über die Fußgängerampel in Kauf genommen werden.

Blick in die Böttcherstraße

## Weserpromenade und Schlachte

Die Fußgängerunterführung endet direkt am Martinianleger. Von hier starten täglich **Hafenrundfahrten** in den Neustädter Hafen, dem einzigen stadtbremischen Hafen, in dem noch nennenswert Ware umgeschlagen wird. Dennoch lohnt sich die ca. 90-minütige Schiffsreise, vorbei am eindrucksvollen Panorama der Schlachte bis in die Hafengebiete. Ein informativer Text berichtet aus der wechselvollen Beziehung der Bremer zu Meer und Fluss. Währenddessen passiert man die neuen Entwicklungsgebiete in der Überseestadt – wo derzeit Bremens zweitgrößtes Hochaus entsteht –, alte Hafen- und Werftanlagen, wie das ehemalige Areal der A.G. »Weser« mit den neuen Gebäuden der Waterfront sowie die Molentürme an den Einfahrten zu den alten Hafenbecken. Im Neustädter Hafen selbst findet heute vornehmlich Containerumschlag statt, während im Holz- und Fabrikenhafen Getreide und Futtermittel aus Übersee gelöscht werden.

Abendstimmung an der Schlachte

Am **Martinianleger** starten auch verschiedene andere Schiffsreisen. Von hier gelangt man weserabwärts bis nach Bremerhaven oder auch flussaufwärts am Weserwehr vorbei. Mit der Hafenrundfahrt gelangt man auf Wunsch auch zum Veranstaltungszentrum PIER 2 und dem im Westen gelegenen Stadtteil Gröpelingen.

**Hafenrundfahrten & Meer**
Reederei Hal Över
An der Schlachte 2, Mo–Fr 10–17 Uhr
Tel. 338989

Zu Fuß durch die alten Hafengebiete führt der Rundgang »Kaffee, Kunst und vereinzelt Matrosen«.
Info: Tel. 6197727,
www.kultur-vor-ort.com

Auch wer keine Schiffsreise unternehmen will, kommt an der **Schlachte** auf seine maritimen Kosten. Zwar wird die Weser in der Höhe der Altstadt nur noch von einigen Binnenschiffern und zahlreichen Freizeitkapitänen befahren, aber an manchen Tagen weht von der Nordsee her eine salzige Brise und beim Geschrei der Möwen spürt man das Meer ganz nah. Nach dem umfassenden Ausbau der Schlachte zur maritimen Promenade der Stadt sind zahlreiche Schiffe vor Anker gegangen, von denen die meisten besichtigt werden können. Besonders herauszuheben ist der Nachbau einer **Kogge** aus dem 14. Jahrhundert. Es ist der Schiffstyp, mit dem Bremer Kaufleute im Mittelalter bis nach Skandinavien und ins Baltikum fuhren, um ihre Geschäfte abzuwickeln.

Weniger spektakulär, aber für die Geschichte Bremens nicht minder bedeutend, ist der knapp 30 Meter lange Eineinhalbmaster **Weserkahn Franzius**, der ebenfalls als Nachbau an der Schlachte zu bewundern ist. Nach der Versandung der Weser wurde dieser Schiffstyp bis ins 19. Jahrhundert hinein das wichtigste Transportmittel auf der Unterweser.
Der Nachbau der **40-Geschütz-Fregatte »Admiral Nelson«** aus dem 19. Jahrhundert wird vor allem Kindern Spaß machen: So haben wir uns doch schon immer ein echtes Piratenschiff vorgestellt, und dass es im Inneren Pfannkuchen in allen erdenklichen Geschmacksrichtungen gibt, macht einen Besuch obligatorisch.
Der merkwürdige Name **»Schlachte«** für das Weserufer geht zurück auf das niederdeutsche Wort »slait« für einschlagen und erinnert an den ersten Hafen an diesem Ort: Damals hatten die Bremer Kaufleute ein Stück des sandigen Weserufers gekauft und dort schwere Holzbohlen eingeschlagen, um einen festen Ankerplatz zu erhalten. Im Laufe der Jahrhunderte entstand eine hohe Mauer mit einer breiten Kaje, auf der die Waren abgestellt und von Küpern begutachtet wurden. In den hohen Packhäusern wurden Steingut, Tabak, Fisch, Gewürze, Holz und vieles mehr gelagert. Ein eigener Stadtteil mit Seemannskneipen, Herbergen, Kontoren, Waschhäusern und Bordellen entstand – durch eine eigene Stadtmauer abgetrennt vom restlichen

Schlachte-Boulevard

Bremen. Nur der Name »Schlachtpforte« und die St. Martini-Kirche erinnern heute noch an die Zeiten, in denen die Schlachte das pulsierende Hafenviertel Bremens war. Als die Versandung der Weser es größeren Schiffen unmöglich machte, bis zur Altstadt vorzudringen, verlor die Schlachte ihre Bedeutung als Hafenplatz.

**St. Martini**, oberhalb des Martinianlegers gelegen, entstand um 1230 und war den Seeleuten und Elterleuten vorbehalten, die hier vor dem Auslaufen Gottes Segen erbaten. Die steil aufragenden Backsteinmauern wurden ab 1371 gebaut, um die Kirche vor den ständigen Überschwemmungen zu schützen. Vom wuchtigen Turm erklingt viermal am Tag (9.15, 12.15, 15.15, 18.15 Uhr) das Kirchenlied »Lobe den Herren«, mit dem wohl der berühmteste Prediger von St. Martini geehrt wird: Joachim Neander (1650–1680). Der Pietist Neander wohnte in dem markanten Pfarrhausanbau an der Westseite des Chores, der nach ihm Neanderhaus genannt wird. 1944 wurde »Sunt Marten« vollständig zerstört und bis 1960 aufwändig wiederhergestellt. Vom Inventar ist allerdings wenig erhalten.

Auch am Abend lohnt die Schlachte einen Ausflug. Erstklassige internationale Gastronomie, Biergärten mit Blick aufs Wasser und das einmalige Ambiente sollte man unbedingt genießen. An Anleger 4 hat das **Theaterschiff** festgemacht und bietet allabendlich Boulevardtheater und Comedy.

**Theaterschiff Bremen e.V.**
Tiefer 104, Tel. 7908600,
Fax 7908600
www.theaterschiff-bremen.de

Lohnenswert ist ein Bummel entlang der Schlachte weserabwärts, wobei man sich nicht von der Fließrichtung in die Irre führen lassen sollte: In Höhe der Altstadt ist die Weser tideabhängig, d.h. bei Flut strömt das Wasser landeinwärts, nur bei Ebbe fließt die Weser »richtig herum« in Richtung Nordsee.

Der Spaziergang führt vorbei an verschiedenen Gastro- und Veranstaltungsschiffen in das neue Medienquartier Bremens. Während der Weg unten am Wasser einen wunderschönen Blick auf das Geschehen auf dem Fluss bietet, ergeben sich auf der Promenade oberhalb spannende Einblicke in das neue Quartier. Ursprünglich befand sich hier die Stephanivorstadt, im Mittelalter war das die Stadt der Handwerker, deren einfache Stadthäuser sich dicht an dich um die gotische Hallenkirche St. Stephani drängten. Der Krieg zerstörte sowohl das Quartier, als auch die historischen Packhäuser am Weserufer.

Die Jugendherberge an der Schlachte

Erst vor kurzem begann eine grundlegende Aufwertung des Viertels. Das Medienquartier wartet an der Schlachte gleich mit mehreren bemerkenswerten Highlights auf: Madame Ho, ein exquisites Restaurant mit fernöstlichen Spezialitäten, ist unterdessen ein beliebter Treffpunkt in der Stadt.

**Madame Ho**
Schlachte 41, Tel. 1683870

In unmittelbarer Nachbarschaft befindet sich das **Designhotel Überfluss**, in dessen ambitioniert gestaltetes Foyer man unbedingt einen Blick wagen sollte. Lampen von Tom Dixon und Stühle von Charles Eames sind nur einige Details der ausgefallenen Innenausstattung, die von dem niederländischen Designer-Team »Concrete« aus Amsterdam gestaltet wurde. Die Architekten Kastens und Sieman bezogen vorgefundene historische Fragmente in ihren Neubau ein, was sich u.a. in der Fassade des Hotels wieder findet.

Wenige Schritte weiter stößt man auf den auffälligen grüngelben Kubus der teils neu gebauten **Jugendherberge** (D). Wer die jungen Leute auf der großzügigen Dachterrasse mit Blick auf die Weser beobachtet, bekommt leicht Lust, sein Hotelzimmer gegen ein Etagenbett an diesem wunderschönen Ort einzutauschen.

Im Zentrum des neuen Quartiers befindet sich seit Herbst 2007 **Radio Bremen** (E), das seine Standorte am Stadtrand zugunsten

»Der Rufer« von Gerhard Marcks vor dem neuen Funkhaus von Radio Bremen

der zentralen Neubauten aufgab. Größte architektonische Herausforderung für den Neubau lag darin, das neue Funkhaus unter Respektierung der mittelalterlichen Straßenzüge ins Quartier einzufügen. Architekt Jürgen Böge gestaltete deshalb drei Häuser, die im Inneren ein zusammenhängendes Funkhaus ergeben, nach außen hin sich aber sensibel auf die jeweilige städtebauliche Situation beziehen. Das Weserhaus direkt an der Schlachte beherbergt auch die Büros anderer ARD Anstalten. Vor dem repräsentativen Haus wurde der drei Meter große »Rufer« aufgestellt, eine Plastik von Gerhard Marcks, die dieser 1967 für Radio Bremen Fernsehen geschaffen hatte.

Das mittlere Haus Diepenau dient als Haupteingang in die kleinste ARD Anstalt, die mit dem Neubau nun über die modernsten Studios im ARD Verbund verfügt.

Unmittelbar hinter dem dritten Gebäude Radio Bremens trifft man auf das **Bamberger Hochhaus** (F), heute Zentrale der Volkshochschule Bremen. Das traditionsreiche Gebäude stand lange Zeit leer und wurde erst 2007 aufwändig restauriert. 1929 baute der jüdische Kaufmann Julius Bamberger das auffällige Kaufhaus, das vor allem bei den Arbeitern im Bremer Westen sehr beliebt war. Nach einer mehrjährigen Hetzkampagne der Nazis gab Bamberger auf und floh in die USA, wo er 1951 starb. Mit der Restaurierung des historischen Gebäudes wurde dem verfemten Bremer Juden ein eindrucksvolles Denkmal gesetzt. Im Treppenhaus befindet sich eine kleine Ausstellung über Julius Bamberger.

Zurück ins Quartier führt der Weg zur **Stephani-Kirche** (G), die im Krieg schwer zerstört wurde. Die äußeren Mauern zeugen noch von beeindruckender Backsteingotik

Blick auf das Neue Museum Weserburg

aus dem 13. und 14. Jh. Im Nationalsozialismus war die Gemeinde ein Zentrum der widerständigen Bekennenden Kirche. Heute dient der Bau als Kulturkirche und Veranstaltungsort.

Das **Seemannsheim** direkt an der Kirche bietet übrigens auch einfache Hotelzimmer und damit eine preiswerte Alternative zur Jugendherberge.

Zurück an die Weser bietet sich unterhalb der B75 die Fußgängerbrücke an, um das andere Ufer des Flusses zu erreichen und wieder zurück stadteinwärts zu bummeln. Der Spazierweg auf dem Deich führt zur international bekannten **Brauerei Beck & Co.** (H) Zwar wurde die alteingesessene Bremer Firma inzwischen an einen internationalen Konzern verkauft, ein Rundgang durch die Brauerei ist aber weiterhin möglich.

**Besucherzentrum Brauerei Beck & Co.,** Am Deich 18/19, Jan.–März Do–Sa 12.30,14,15.30,17 Uhr, April–Dez. Do–Sa 11,12.30,14,15.30,17 Uhr (Sa zus. 9.30 Uhr), Anmeldung erforderlich! Dauer ca. 2,5 Std., Tel. 50945555, besucherzentrum@becks.de

Weiter Richtung Innenstadt taucht bald die Teerhof-Insel auf, einst eine natürliche Insel im Fluss. Einige hundert Meter weiter führt der Spazierweg vorbei am **Künstlerhaus** (I) mit hervorragender Gastronomie. In 15 Ateliers arbeiten zur Zeit 23 Künstler, Ausstellungen, Installation, Malerei, Fotografie, Film, Video, Musik und Klangperformance sind die Themen.

Info: www.kuenstlerhausbremen.de

Etwa in Höhe des Hauses gelangt man über eine Fußgängerbrücke auf den dicht bebauten Teerhof.

Auf die Außenmauern der ehemaligen Kaffee-Rösterei am Nordende der Insel hat der amerikanischen Konzeptkünstlers Lawrence Weiner eine Inschrift angebracht: HAVING BEEN BUILT ON SAND WITH ANOTHER BASE (BASIS) IN FACT. AUF SAND GEBAUT TATSÄCHLICH AUF (AUS) ANDEREM GRUND.

Tatsächlich war der **Teerhof** (K) ursprünglich nicht mehr als eine Sanddüne im Strom. Im Mittelalter befanden sich hier die Werften der Stadt, auf denen die Schiffe mit Werg und Teer kalfatert wurden, eine Tätigkeit, die erhöhtes Brandrisiko bedeutete und die man deshalb in sicherer Entfernung zur Stadt ansiedelte. Bis ins 19. Jahrhundert entstand hier eine Speicherstadt mit steil aufragenden schmalen Gebäuden, die allerdings im Zweiten Weltkrieg vollständig zerstört wurden. Es dauerte viele Jahrzehnte, bis man sich zu einem städtebaulichen Wettbewerb entschloss und Anfang der 1990er Jahre die Realisierung eines exklusiven Wohnviertels vorantrieb, das Elemente der vorherigen Speicherfassaden zitiert.

Die weißen Lettern weisen auf zwei herausragende Orte für zeitgenössische Kunst hin: Das **Neue Museum Weserburg** (J) zeigt auf 6000 Quadratmetern internationale Kunst der letzten 40 Jahre.

Die Weserburg ist nicht nur Deutschlands erstes Sammlermuseum, sondern auch Deutschlands größtes Museum für Gegenwartskunst. Edward Kienholz, George Segal, Richard Serra, Andy Warhol, Morris Louis, Donald Judd, Sol LeWitt, Mario Merz, Richard Long, Georg Baselitz, Gerhard Richter u.a. sind oder waren in den Räumen zu sehen. Sammler und Sammlungen wechseln und werden ergänzt durch Sonderausstellungen.

**Neues Museum Weserburg**
Teerhof 20, Tel. 598390, Di–Fr 10–18, Sa–So 11–18 Uhr, www.nmw.de

Im gleichen Gebäude residiert die **Gesellschaft für Aktuelle Kunst**. Seit 1980 widmet sich der Kunstverein mit seinen Ausstellungen und Projekten aktuellen künstlerischen Positionen und sucht immer wieder die Auseinandersetzung mit brisanten künstlerischen und gesellschaftspolitischen Fragen in der Stadt.

Neben den großen Ausstellungen im Haus ist die GAK mit Vorträgen, Filmprogrammen, der Reihe Elektronischer Musik und Interventionen im öffentlichen Raum Bremens Fenster in die aktuelle Kunstszene.

**Gesellschaft für Aktuelle Kunst,**
Teerhof 2, Tel. 500897,
www.gak-bremen.de

Über eine elegante Fußgängerbrücke (mit Aufzügen) gelangt man zurück an die Schlachte, wo vor allem in der Abendsonne die Biergärten zu einer stimmungsvollen Einkehr einladen.

15

# Rundgang 3
# Durch den Schnoor – Bremens ältestes Viertel

Wie an einer Schnur reihen sich kleine vielgestaltige Häuser entlang einer schmalen Straße, die dem Viertel seinen Namen gibt: dem Schnoor. Tausende von Besuchern zieht es alljährlich in das älteste Viertel Bremens, um in den verträumten Gassen zu bummeln, den zahlreichen Kunsthandwerkern über die Schulter zu sehen oder in einem der vielen Restaurants, Cafés oder in einer der Kneipen einzukehren.
Seit 2005 gibt es auch einen Nachtwächter, der Gäste und Touristen am frühen Abend durch dieses romantische Quartier führt.

**Mit dem Nachtwächter durch den Schnoor**
Buchung über Kultur Vor Ort e.V.,
Tel. 6197721 oder
BTZ Service-Hotline 01805-101030

Das Schnoorviertel ist in vielerlei Hinsicht eine Oase im Zentrum der Stadt. »Fastfood« und internationale Handelsketten sucht man hier vergebens. Stattdessen dominieren Originalität und Kunst die Auslagen der kleinen Ladenlokale und Betriebe. Aber auch nach Ladenschluss ist das kleine Quartier ein beliebter Treffpunkt, nicht zuletzt durch die zahlreichen kulturellen Angebote wie z.B. das **Theater im Packhaus** oder Madame Lothárs Travestie Theater.

Heini Holtenbeen

Wer aufmerksam durch den Schnoor geht, begegnet einer wunderlichen Gestalt: An der Wüstestätte wartet krumm gebückt, sein lahmes Bein vorgestellt, »Heini Holtenbeen« (»Holzbein«) – ein Bremer Original. Nach einem schweren Unfall verkrüppelt, lebte er verarmt im Schnoor Nr. 8, hielt sich mit Gelegenheitsarbeiten und Bettelei über Wasser und wurde durch seine schlagfertigen plattdeutschen Sprüche und Bemerkungen stadtbekannt. Er starb 1908 im St. Jürgen-Asyl. Als man die nach einer Fotografie gestaltete lebensgroße Bronzefigur hier aufstellte, setzte man damit allen ehemaligen Bewohnern des Schnoorviertels ein Denkmal, lebten hier doch im 19. Jahrhundert vornehmlich die Ärmsten der Stadt.
In der Frühgeschichte Bremens jedoch gehörte das Viertel noch zur wirtschaftlichen Keimzelle der schnell wachsenden Hansestadt. Ab dem 13. Jahrhundert siedelten hier Fischer, Handwerker und Schiffer in kleinen reetgedeckten Katen, die auf der Insel zwischen ungezähmter Weser und ihrem kleinen Nebenarm Balge auf niedrigen Warften errichtet wurden. Unterhalb des auf sicherer Düne gebauten Doms suchten diese ersten Bremer die Nähe zum Fluss

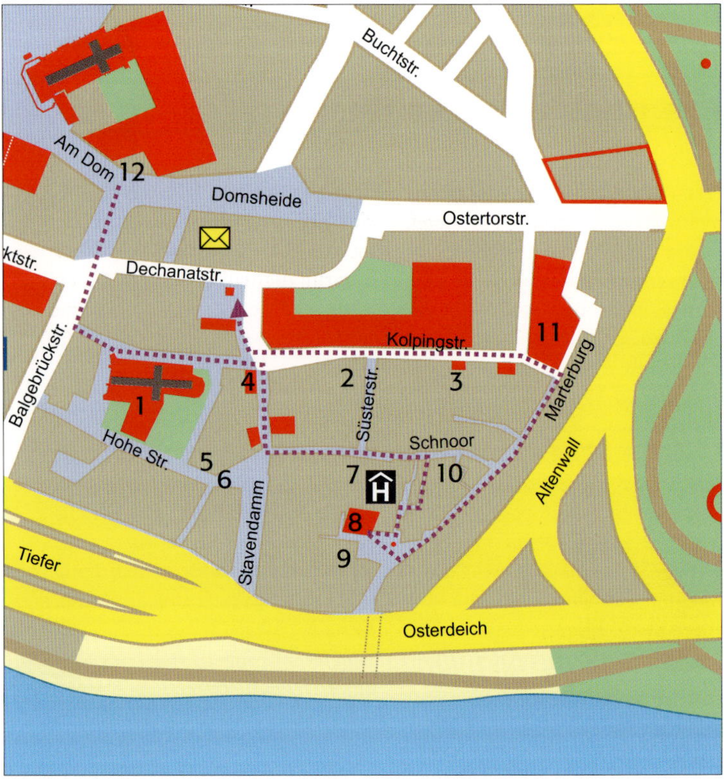


1 St. Johannis-Kirche
2 Birgitten-Kloster
3 ehem. Synagoge
4 Gasthof »Kaiser Friedrich«
5 Schifferhaus
6 Brunnen
7 Hochzeitshaus
8 Packhaus, Bremer Geschichtenhaus
9 Packhaustheater/Heini-Holtenbeen-Skulptur
10 Institut für niederdeutsche Sprache
11 Postmodernes Wohnquartier
12 Treffpunkt Nachtwächter-Rundgang

und begründeten hier Macht und Reichtum Bremens. An dieser Stelle befand sich eine Fährverbindung und ab 1244 eine erste Weserbrücke. Spätestens 1241 gründeten Franziskaner ein Kloster und erbauten im 14. Jahrhundert die **St. Johannis-Kirche** (1), deren kunstvoll gestaltete mächtige Backsteinfassade vom Selbstbewusstsein des Bettelordens zeugt. Im Zuge der Reformation wurden die Mönche vertrieben, die Kirche als Krankenasyl genutzt und 1816 der katholischen Minderheit überlassen. 1871/72 erhielt der gotische Innenraum seine heutige schlichte und helle Gestalt.

2002 wurde erstmals seit der Reformation in Bremen ein katholisches Kloster eröffnet. Unweit des ehemaligen Franziskanerklosters haben sich Birgitten vom Bremer Architekten Ulrich Tilgner ein farbenfrohes postmodernes **Kloster** (2) bauen lassen. Die Ordensfrauen bieten in ihrer »Tankstelle für Spiritualität und Transzendenz« gestressten Großstädtern Teilhabe an klosterlicher Ruhe und Meditation.

Der Schnoor war im 19. Jahrhundert das Viertel der Randständigen und Armen. Nicht zufällig lebten hier vor allem Katholiken und Juden, genossen sie doch bis zur Revolution 1918 nicht einmal volle Bürgerrechte. Deshalb verwundert es nicht, dass wenige Schritte vom katholischen Kloster entfernt im Haus Nr. 6 der heutigen Kolpingstraße 1876 eine **Synagoge** (3) eingerichtet wurde. In der Nacht vom 9. auf den 10. November 1938, der »Reichspogromnacht«, wurde das Gotteshaus unter Mithilfe von Feuerwehr und Anwohnern von der SA in Brand gesteckt und zerstört.

Von der Kolpingstraße aus geht es vorbei am **Gasthof Kaiser Friedrich** (4), einem urigen Lokal, direkt ins Zentrum des Schnoor. Von der ursprünglichen mittelalterlichen Siedlung ist heute nichts mehr zu sehen. Die ältesten noch erhaltenen Häuser stammen aus dem 15. Jahrhundert, jedes spätere Jahrhundert fügte dem Quartier neue Bauten hinzu. Im Zweiten Weltkrieg blieb der Schnoor zwar weitgehend von Zerstörungen verschont, doch die Armut der Bewohner hatte seit Jahrzehnten Restaurierungen und Reparatur verhindert, sodass die Häuser Mitte der 1950er Jahre einen erbarmungswürdigen Anblick boten.

1959 entschloss sich der Senat zu einer durchgreifenden Erneuerung des gesamten Gebietes. Entgegen dem Zeitgeist Ende der 50er Jahre verzichtete man auf den ursprünglichen Plan, das gesamte Quartier abzureißen und in ein modernes Geschäftsviertel zu verwandeln. Stattdessen entschied man sich nach unermüdlicher Überzeugungsarbeit durch den damaligen Baudenkmalpfleger Karl Dillschneider für eine Sanierung des Schnoorviertels. Mit staatlichen Zuschüssen wurden die Hausbesitzer zur Instandsetzung der heruntergekommenen Bausubstanz in enger Absprache mit der Landesdenkmalpflege ermuntert. Im Inneren wurden die Häuser oft

Blick über die Dächer des Schnoor

vollkommen modernisiert, während die Fassaden rekonstruiert oder stilecht nachempfunden wurden. Aus ganz Bremen wurden aus Kriegstrümmern geborgene Giebelkrönungen, Schmucksteine, Wappenplatten, Vasen, Friese, Gesimssteine oder Säulen in den Schnoor gebracht und in den Wiederaufbau integriert. So entstand ein vollkommen neues Quartier mit zahlreichen Erinnerungsstücken an das im Zweiten Weltkrieg untergegangene alte Bremen.
Künstler und Kunsthandwerker entdeckten die besondere Atmosphäre des Quartiers und kauften sich Häuser, Ateliers und Wohnungen. Im Schnoor ist deshalb jedes Schaufenster eine Entdeckung und vielen Handwerkern kann man bei der Arbeit zusehen.

In dem kleinen **Schifferhaus** (5) am Stavendamm befand sich einst eine Hökerei. Hier versorgten sich die Schiffer, die am nahe gelegenen Weserufer festgemacht hatten.
Wolfgang Loose hat das Haus einst aufgekauft und liebevoll renoviert. Ihm verdankt Bremen auch das umfangreiche Schnoor-Archiv mit unzähligen Fotos aus der Zeit vor und unmittelbar nach dem Krieg. Inzwischen stiftete er das wertvolle Archiv der Jacobus-Major-Stiftung im Packhaus, die aus den Beständen regelmäßig Ausstellungen zusammenstellen will.
Noch im 15. Jahrhundert legten die Binnenschiffer unterhalb des Schnoors an, um am Stavendamm ein reinigendes Bad zu nehmen. Der **Brunnen** (6) von Jürgen Cominotto stellt einen damals typischen Badezuber dar.

Der Brunnen am Stavendamm

In der Straße Im Schnoor befindet sich im Waldemar-Koch-Haus der **Bremer Presse Club**. 1971 von Bremer Journalisten gegründet, bietet das Haus neben Gastronomie und Veranstaltungsraumen auch regelmäßige Fotoausstellungen.

**Bremer Presse Club**
Schnoor 27/28, Tel. 326422

Von der Straße Schnoor führt eine winzige Gasse in die Wüstestätte. An der engsten Stelle befindet sich das **Hochzeitshaus** (7), das kleinste Hotel der Welt. Hochzeitshäuser dienten im Mittelalter denjenigen Paaren als Unterkunft, die vom Land zum Heiraten in die Stadt kamen. Heute ist das Häuschen eine originelle Hotelvariante nicht nur für die Flitterwochen. Dass der Schnoor einst ein Arme-Leute-Viertel war, hat eine lange Tradition, von der eine weitere wunderliche Gestalt zeugt, der **Jacobus Major** über dem Eingang zu einem alten **Packhaus** (8). Jakobus der Ältere, ein Jünger Jesu, wurde nach Missionsreisen durch Spanien von Herodes hingerichtet. Die Heiligenlegende lässt seinen Leichnam auf wunderliche Weise durch das Mittelmeer bis ins spanische Galizien gelangen, was einen der wichtigsten Wallfahrtsorte der Christenheit begründete: Santiago de Compostela. Jakobus mit dem Symbol der Jakobsmuschel war fortan der Patron der Pilger und Reisenden. Zehntausenden von Jakobspilgern, die in Bremen Station machten, wies sein Bildnis den Weg zur Jacobi-Herberge, wo die Fremden freundlich aufgenommen wurden. Die 1656 gegründete Jaco-

bi-Majoris-Bruderschaft stand in dieser mittelalterlichen Tradition der Gastfreundschaft und kaufte an der Wüstestätte ein Haus, in dem hilfsbedürftige Witwen Unterstützung fanden.
Heute befindet sich im Packhaus das Bremer Geschichtenhaus. Verschiedene Figuren erzählen den Besuchern aus der Bremer Stadtgeschichte des 17. bis 20. Jahrhunderts. Heini Holtenbeen wird ebenso zum Leben erweckt wie die Giftmörderin Gesche Gottfried oder das Bremer Original Fisch Lucie. Kinder werden ihren Spaß haben.

**Bremer Geschichtenhaus**
Stavendamm 8, Tel. 3362650
Mo 12–18 Uhr, Di–So 11–18 Uhr
www.bremer-geschichtenhaus.de

Am Ende der Wüstestätte wartet nicht nur der schon erwähnte **Heini Holtenbeen** sondern auch das **Packhaustheater** (9), das seit 1976 in dem umgebauten Packhaus Kabarett, Kleinkunst, Chansons und Schauspiel anbietet. Künstlerisches Kleinod ist das Theatrium, ein Puppen- und Marionettentheater, das mit seinen Produktionen bundesweit Beachtung findet.

**Packhaus – Theater im Schnoor**
Wüstestätte 1, Tel. 326054,
www.packhaustheater.de

Im Herzen des Schnoors liegt das **Institut für niederdeutsche Sprache** (10), das sich mit einer umfangreichen Bibliothek und Veranstaltungen die Pflege und Förderung der niederdeutschen Sprache, Literatur und Kultur zu Eigen gemacht hat.
An der Marterburg realisierten die Architekten Goldapp und Klump in den 1980er Jahren ein **postmodernes Wohnquartier** (11), das die Formensprache des Schnoor spielerisch aufnimmt und zu den monumentalen Bauwerken oberhalb des Schnoors vermittelt.
Hier befindet sich auch eine Bremer Institution: **Madame Lothárs Travestietheater**, in der Lothar Gräbs eine Stunde gute Laune unter sein Publikum bringt, ohne ausfallend oder anrüchig zu werden.

**Madame Lothárs Travestietheater**
Kolpingstr. 9, Mi–Sa ab 20 Uhr,
Showbeginn 21.30 Uhr,
Tel. 3379191, www.madamelothar.de

**Weitere Infos zum Schnoor:**
www.derschnoor.de

Lohnenswert ist ein Rundgang mit dem Nachwächter durch den romantischen Schnoor

WOLFGANG FALZ
OLDSCHMIEDE
& GALERIE

Das postmoderne Quartier an der Marterburg

# Rundgang 4
# Zwischen Lust und Wandeln – Durch die Wallanlagen

Es ist ein äußerst glücklicher Umstand, dass sich die Bürger Bremens 1802 bei der Schleifung ihrer inzwischen nutzlosen Befestigungsanlagen nicht haben hinreißen lassen, das frei werdende Terrain als Bauland auszuweisen. Stattdessen richtete der Senat eine »Deputation wegen Anlegung und Unterhaltung der öffentlichen Spaziergänge« ein, um sämtliche Brustwehren und Wälle in Gartenanlagen, Bosquets und Grasplätze umzuwandeln. Der Oldenburger Hofgärtner Christian Ludwig Bosse (1771 - 1832) schlug dazu dem Senat eine Aufsehen erregende Planung vor. Auf dem einstigen Militärgelände sollte eine »lichte englische Anlage« entstehen, »wie sie die Natur in den schöneren Gegenden darbiethet«. Es entstand eine Grünanlage, die durch geschickte Wegeführung, durch Auswahl und Anordnung der Pflanzen, durch die Anlage von Hügeln und Senken, Sichtachsen, Plattformen, sanften Hängen, Aussichtspunkten, Wasserverläufen etc. die Spannung einer »wilden« Landschaft und die Ästhetik eines Gartenkunstwerkes miteinander verband. Im Jahre 2002 wurden aus Anlass des 200-jährigen Jubiläums die Wallanlagen in ihrer ursprünglichen Form wiederhergestellt.

Ganz besonders reizvoll ist die Erkundung von der unteren Schlachte aus, die man über einen schönen Spaziergang vom Martinianleger flussabwärts erreicht. Zwischen Stephani- und Eisenbahnbrücke weitet sich die Promenade zu einem terrassenförmigen Vorplatz, an dem eine alte Ziegelsteinmauer mit einer schmiedeeisernen Pforte den **Einstieg in die Wallanlagen** (1) markiert. Ende des 17. Jahrhunderts wurde hier das städtische Armenhaus errichtet, das später Sitz des Focke-Museums wurde. Seit der Zerstörung des Barockgebäudes im Zweiten Weltkrieg liegt der Focke-Garten traumverloren am äußersten westlichen Zipfel der Altstadt.

Über Fußgängerbrücken und durch Tunnel quert man das Straßengewirr der Auf- und Abfahrten der B 75 - wie überall wurden auch hier die Wallanlagen durch den exzessiven Straßenbau der Nachkriegszeit zerschnitten.

Bald erreicht man die steile **Sanddünenbastion** (2), eine der sieben Bastionen, die mit Windmühlen bestückt waren. Jenseits der Bürgermeister-Smidt-Straße befindet sich ein altes **Akzisehäuschen**, ein Zollhäuschen, in dem heute Stadtgrün über die Geschichte der Wallanlagen informiert.

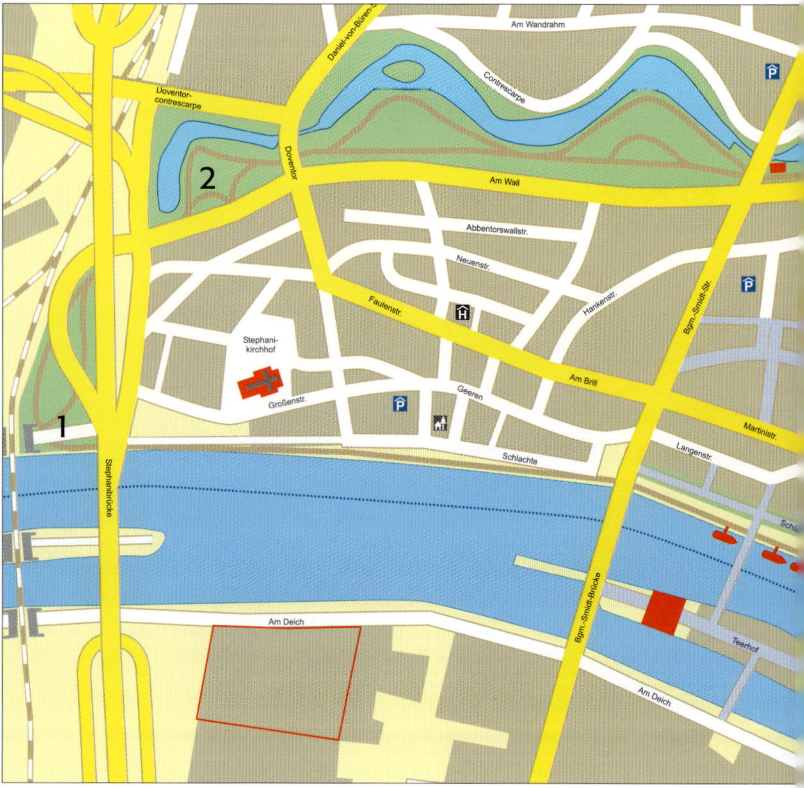


1 Einstieg Focke-Garten
2 Sanddünenbastion
3 Windmühle
4 Steinhäuser-Vase
5 Bischofsnadel
6 Rosselenker
7 Theatergarten
8 Lidice-Mahnmal
9 Olbers-Denkmal
10 Wilhelm-Wagenfeld-Haus
11 Gerhard-Marcks-Haus
12 Kunsthalle
13 Altmannshöhe

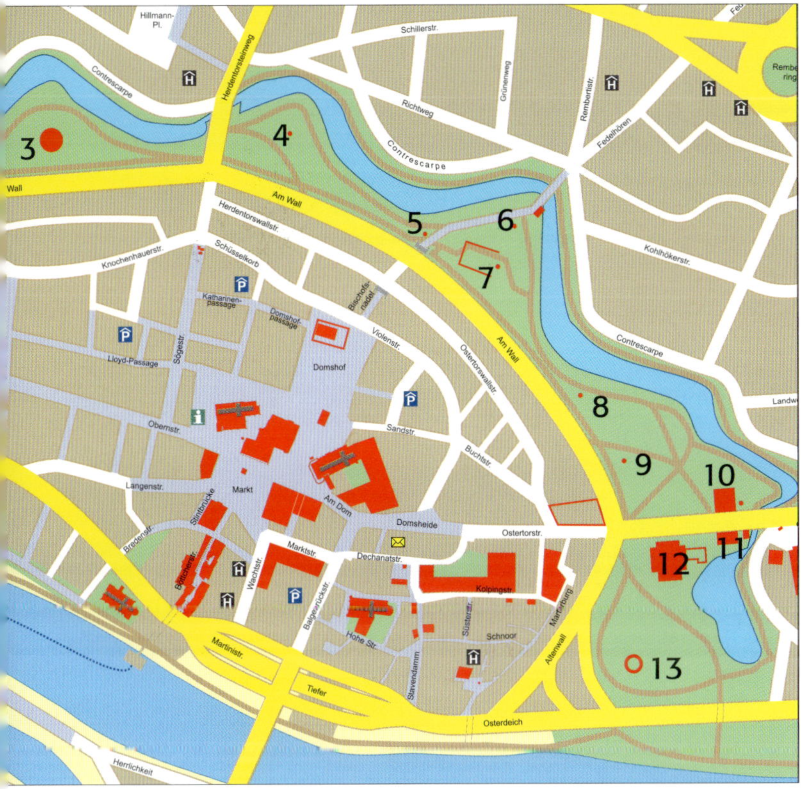

Hillmann-Pl.
Contrescarpe
Herdentorsteinweg
Schillerstr.
Richtweg
Grünenweg
Rembertistr.
Fedelhören
3
4
Contrescarpe
Wall
Am Wall
Herdentorswallstr.
5
6
Kohlhökerstr.
Knochenhauerstr.
Schüsselkorb
7
Katharinen-passage
Domshof-passage
Bischofs-nadel
Violenstr.
Lloyd-Passage
Sögestr.
Domshof
Ostertorswallstr.
Am Wall
Contrescarpe
8
Obernstr.
Sandstr.
Buchtstr.
9
10
Langenstr.
Markt
Stintbrücke
Am Dom
Domsheide
Ostertorstr.
Bredenstr.
Marktstr.
Dechanatstr.
11
12
Böttcherstr.
Wachtstr.
Kolpingstr.
Balgebrückstr.
Martinistr.
Hohe Str.
Schnoor
Marterburg
Altenwall
13
Tiefer
Stavendamm
Osterdeich
Herrlichkeit

Diese Luftaufnahme zeigt die Altstadt und die sie umfassenden Wallanlagen. Im Vordergrund links die »Kulturmeile« mit Kunsthalle, Gerhard-Marcks-Haus, Wilhelm-Wagenfeld-Haus und Goethe-Theater. Im Hintergrund, im Nordwesten der Altstadt schließen sich die alten stadtbremischen Hafengebiete an

Der Weg führt wieder zurück in die Anlage, vorbei an Ulmen, Erlen, Eichen und Linden, zur **Gießhaus-Bastion**, auf der die heute noch einzige erhaltene **Windmühle** (3) zur Rast einlädt. 1998 wurde die Mühle für 1,75 Millionen Euro restauriert, die Innenräume wurden zu einer modernen Gastronomie umgebaut. Mit Blick auf die Wallanlagen lassen sich auf dem Mühlenberg erstklassig Kaffee und Kuchen genießen.
Am Herdentorsteinweg erhebt sich neben der **Steinhäuser-Vase** (4) von 1856 aus Carrara-Marmor eine zweihundert Jahre alte Baumhasel, die ursprünglich aus Kleinasien stammt.
Wenige Schritte weiter treffen alle Wege auf die **Bischofsnadel** (5), eine winzige moderne Passage, die einst den Domherren als Durchgang durch die Stadtmauer diente und heute direkt zu Dom und Rathaus führt. Am Ausgang zur Wallanlage schuf Bernd Altenstein die Skulptur einer Figur, deren Oberkörper in einer Wand verschwindet. »Mit Brille wäre das nicht passiert« hat ein Passant daneben geschrieben.
Der Weg entlang des Wallgrabens ist nun stark belebt. Für Fußgänger und Radfahrer ist dies die wichtigste Verbindung von der Altstadt in Richtung Bahnhofsvorstadt, Schwachhausen oder Universität. Während die geschäftigen Bremer über eine Brücke die Wallanlagen wieder verlassen, erwartet den Besucher rechter Hand der **Rosselenker** (6), eine Bronzeplastik von Louis Tuaillon (1900). Im calvinistisch geprägten Bremen stieß die Aufstellung des nackten Jünglings damals auf heftige Kritik.
Weiter am Wallgraben entlang führt bald steil aufwärts ein Weg in den **Theatergarten** (7). Oben auf dem Theaterberg wurde 1843 das erste Bremer Theater erbaut. Im Krieg zerstört, wich die Ruine 1965 einer Gartenanlage. Inmitten dieses verschwiegenen Ortes stößt man auf »Die Liegende« des Bremer Bildhauers Gerhard Marcks, die täglich Studenten und Studentinnen der Hochschule Modell liegt.
Vom Theaterberg herabgestiegen, erreicht man ein **Mahnmal (8)** für die Bewohner des böhmischen Dorfes Lidice, die am 10. Juni 1942 von der Waffen-SS als Reaktion auf das Attentat auf Reinhard Heydrich ermordet wurden. Die an die verkohlten Überreste des Dorfes erinnernde Plastik wurde von Jürgen Waller auch als Gegendenkmal zum »Sterbenden Jüngling« konzipiert. Der Jüngling von 1936 sollte an die Soldaten erinnern, die bei der blutigen Niederschlagung der Bremer Räterepublik durch den Widerstand der Arbeiter ums Leben gekommen waren.

Auf einer Anhöhe befindet sich ein von Carl Johann Steinhäuser geschaffenes Denkmal, das an den Bremer Arzt und Astronom **Wilhelm Olbers** (1758 - 1840) erinnert (9). Olbers betrieb eine kleine Sternwarte und machte sich durch die Entdeckung der Planetoiden

Das Lidice-Denkmal in den Wallanlagen antwortet dem in den 1930er Jahren entstandenen »Jüngling«

Im Gerhard-Marcks-Haus

Pallas, Ceres und Vesta in der internationalen Fachöffentlichkeit einen Namen. Von der Anhöhe aus geht es über eine sanft absteigende Wiese zu gleich drei der wichtigsten Museen Bremens hinab.

An der Straße Am Wall widmet sich das **Wilhelm-Wagenfeld-Haus** (10) Bremer Design und dem Werk des international bekannten Bremer Industriedesigners Wagenfeld. Bis vor wenigen Jahren diente das 1825 errichtete Torgebäude noch als Abschiebegefängnis – ein Gedenkraum im Inneren des Gebäudes erinnert an diese Geschichte des Gemäuers.

Auch das gegenüberliegende **Gerhard-Marcks-Haus** (11) wurde im 19. Jahrhundert als Akzise- und Wachhaus an der Stadtgrenze errichtet. Seit 1971 dient es als Museum für zeitgenössische Bildhauerei und beherbergt das Werk des Bildhauers und Grafikers Marcks. Etwa 300 Plastiken und 12.000 Handzeichnungen bilden einen reichen Fundus, der es erlaubt, die Arbeiten von Marcks immer wieder neu thematisch zu präsentieren. Zeitgenössische Bildhauer werden regelmäßig eingeladen, ihre Arbeiten in dem renommierten Haus zu zeigen.

1847 wurde nach Plänen von Lüder Rutenberg die **Kunsthalle** (12) errichtet, die Ende der 1990er Jahre umfassend umgebaut wurde, um modernen Ausstellungskonzeptionen zu genügen. Neben

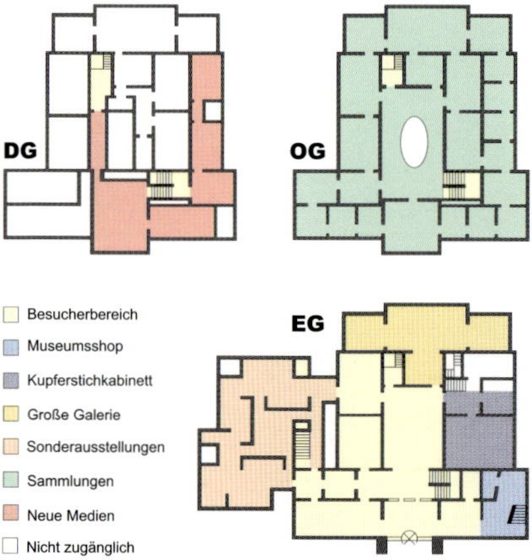


Orientierungsplan Kunsthalle

europäischer Malerei ab dem 15. Jahrhundert zeigt die Kunsthalle Maler der Künstlerkolonie Worpswede und wichtige Arbeiten von Paula Becker-Modersohn. Mit 230.000 Blatt ist das angeschlossene Kupferstichkabinett eines der größten in Europa.

Verbunden ist die Geschichte der Kunsthalle mit dem Namen ihres bedeutendsten Direktors, Gustav Pauli, der sich nicht scheute, zeitgenössische Avantgarde wie Corot, französische Impressionisten und das umstrittene »Mohnfeld« von van Gogh anzukaufen. Auch heute hat sich die Kunsthalle zeitgenössischer Kunst geöffnet und präsentiert auf dem Dachboden unter dem Thema »Bewegung, Licht, Film, Video« Arbeiten von John Cage, Peter Campus, Otto Piene und Olaf Eliasson – im Eingangsbereich können Besucher schon eine Arbeit von Nam June Paik bewundern.

Seit einigen Jahren veranstaltet die Kunsthalle große Sonderausstellungen, mit der sie sich einen geachteten Namen in der bundesdeutschen Museumslandschaft gemacht hat.

**Wilhelm-Wagenfeld-Stiftung**
Am Wall 209, Tel. 3399933
Di 15–21 Uhr, Mi–So 10–18 Uhr,
Führungen So 13 Uhr
www.designzentrumbremen.de

**Gerhard-Marcks-Haus**
Am Wall 208, Tel. 327200,
Di–So 10–18 Uhr, www.marcks.de

**Kunsthalle Bremen**
Am Wall 207
Tel. 329080, Di 10–21,
Mi–So 10–17 Uhr, Mo geschlossen,
www.kunsthalle-bremen.de

Hinter der Kunsthalle steigt der Weg durch die Wallanlagen ein letztes Mal an und erreicht auf der **Altmannshöhe** (13) ein umstrittenes Denkmal, das 1935 errichtete Ehrenmal für die Gefallenen des Ersten Weltkrieges. In einem Ziegelsteinrondell sind die Namen aller 1914–18 getöteten Bremer eingemeißelt, aber auch die Toten der konterrevolutionären Division Gerstenberg und des Freikorps Caspari sowie drei als »Blutzeugen« stilisierte Mitglieder der

Blick in die Kunsthalle

NSDAP (nach dem Krieg wieder entfernt). Die Nationalsozialisten nutzten die Kulisse für Aufmärsche und Proklamationen.
Ebenfalls 1935 schuf Ernst Gorsemann »Die Mutter«, eine Skulptur, die nach dem Krieg erneut aufgestellt wurde, nachdem der Künstler die deutschtümelnde Frauenfrisur zum Trauerschleier ummodelliert hatte. Von dieser Terrasse aus genießt man einen fantastischen Blick auf die Weser und die »umgedrehte Kommode«, das gründerzeitliche alte **Wasserwerk** der Hansestadt am anderen Weserufer. »An dieser Stelle«, so schreibt Kerstin Doty in einer Festschrift zum Walljubiläum, »konnten schon die Bremer Bürger vor fast 200 Jahren aus ihrer stilisierten Gartenlandschaft heraus promenierend das Schauspiel des wilden, noch nicht kanalisierten Flusslaufes beobachten.«

**Wallführungen**
bietet der Verein StattReisen Bremen an. Tel. 4305656, www.stattreisen-bremen.de

Folgende Doppelseite: Blick von der Altmannshöhe auf die Weser, im Vordergrund die Plastik »Die Mutter«

Die wohl schönste Art den Bürgerpark zu erkunden ist eine Bootspartie durch den englischen Landschaftsgarten. So gelangt man zum Tiergehege (im Hintergrund) mit Streichelzoo – ein beliebtes Ausflugsziel nicht nur für Familien mit kleinen Kindern

# Rundgang 5
# Vom Bahnhof zum Bürgerpark

Für Hunderttausende war der Bremer Bahnhof das lang ersehnte Ziel auf dem Weg in eine bessere Welt. Aus dem polnischen Galizien, aus Böhmen, Süddeutschland oder aus Russland erreichten im 19. Jahrhundert die Auswandererscharen die Hansestadt, um sich hier mit dem notwendigen Reisegepäck auszurüsten und die letzten Tage auf dem alten Kontinent zu verbringen. Aus Armut und Hunger geflohen oder Pogromen entkommen, musste ihnen das prachtvolle **Bahnhofsgebäude** (1) wie eine Verheißung auf eine bessere Zukunft erscheinen. Von hier startete dann auch der Zug, der die Auswanderer nach Bremerhaven brachte, wo sie sich nach Übersee einschifften.

1889 entstand der gründerzeitliche Bau mit einer auffallenden Rundbogenfassade, die zwei allegorische Reliefs von Schifffahrt und Eisenbahn integriert. Vor wenigen Jahren wurde der Bahnhof vollständig umgebaut, es entstand eine großzügige Passage und eine schmucke Bahnhofshalle mit Service, Restaurants und vielen weiteren Angeboten. Bei den Renovierungsarbeiten wurde auch ein Mosaik aus den 1950er Jahren entdeckt, das Bremen als Hafenstadt thematisiert. Buchstäblich in letzter Sekunde konnte es gerettet werden und ist neben der An- und Abfahrtsanzeige in der Haupthalle als Zeuge einer vergangenen Zeit zu bewundern.

Der Bahnhofsvorplatz ist Verkehrsknotenpunkt des öffentlichen Nahverkehrs und Busbahnhof. Aber er ist auch ein beliebter Treffpunkt für die Bremer. Wenige Schritte entfernt befindet sich in einem postmodernen Bau das Multiplexkino Cinemaxx und in direkter Nachbarschaft zum Bahnhof wartet eine Bremer Institution auf Besucher: das **Überseemuseum** (2). Kein Bremer Schulkind, das nicht mit offenen Augen und offenem Mund durch die umfangreiche Sammlung geführt wurde, die Forscher, Sammler und Überseekaufleute in über 100 Jahren zusammengetragen haben.

Seit 2002 wird die ständige Ausstellung gründlich überarbeitet. Den Anfang machte die Ozeanien-Schau, die zu einer spannenden Reise in die Südsee geworden ist. Behutsamer Einsatz von modernen Medien wird gekoppelt mit eindrucksvollen Exponaten. An einer Tafel kann man durch Berührung von Fischmodellen hören, welche Töne Fische unter Wasser produzieren, an anderer Stelle ist ein Forscherfilm aus der Tiefsee zu bewundern. Unbedingt zu empfehlen ist der akustische Führer, der über einen informativen Text wahlweise für Erwachsene und für Kinder verfügt. Damit wird auch für Kinder die Reise in die Südsee zu einem spannenden und informativen Vergnügen.

Aber auch die »alten« Abteilungen lohnen einen Besuch. Kritisch wer-

Foyer Cinemaxx

den die Folgen der Kolonialisierung durch die Europäer beleuchtet und die Hintergründe aktueller Probleme in den betreffenden Ländern erklärt. Eine Abteilung beschäftigt sich mit der Hafen- und Handelsgeschichte Bremens und mit der Ökologie der Unterweserregion.

**Überseemuseum**
Bahnhofsplatz 13, Tel. 16038190,
Di–So 10–18 Uhr,
Führungen: Tel. 16038171
www.uebersee-museum.de

Mitten durch den Bahnhof führt eine der wichtigsten Passagen Bremens: In jedem Herbst pilgern knapp vier Millionen Besucher durch die Bahnhofspassage zum Nordausgang, der direkt auf den **Bremer Freimarkt** auf der **Bürgerweide** führt. Seit dem Jahre 1035 findet der Freimarkt statt, heute ist er Norddeutschlands größtes Volksfest. Losbuden, Geisterbahn, Riesenrad, Wilde Maus, Top-Spin, Wildwasserbahn, Fliegender Teppich und in jedem Jahr neue attraktive Fahrgeschäfte üben nicht nur auf die Jüngeren eine große Anziehungskraft aus. Der Freimarkt ist aber auch für Betriebsausflüge, Familien, Sportlergruppen, Freundeskreise, Kirchenchöre usw. ein unbedingtes Muss. Man trifft sich im Bayernzelt, zum traditionellen Bratfisch oder feiert und schwoft in den Messehallen bis in die frühen Morgenstunden.
Außerhalb der »Fünften Jahreszeit«, wie die Bremer ihren Freimarkt-Herbst nennen, dient die Bürgerweide als Großraumparkplatz und jeden Sonntag als Norddeutschlands größter Floh- und Antiquitätenmarkt.
Auffällig ist die von Max Säume und Roland Rainer bis 1964 errichtete **Stadthalle (AWD-Dome)** (3), in der u.a. das bekannte Sechstagerennen stattfindet. Die Halle wurde von den beiden Architekten an sechs Betonstelen, die an Hafenkräne erinnern, aufgehängt. Diese Aufsehen erregende Statik verschaffte dem Bau internationale Beachtung. 2003 wurde die Halle umgebaut. Der Finanzdienstleister AWD ist unterdessen als Sponsor der Halle im Geschäft und so fun-

Freimarkt in Bremen

giert das Veranstaltungszentrum unter dem Namen AWD-Dome.
1993 entstand mit dem benachbarten **Congress Centrum** (4) erstmals Architektur in Bremen, die mit ihrem ironischen Gestus immer noch Debatten hervorrufen kann. Mit der Errichtung weiterer Messehallen baut Bremen seinen Standort als Messe- und Veranstaltungsstadt kontinuierlich aus.
Neben dem Glanz modernster Messearchitektur hat sich ein Refugium vitaler und alternativer Kultur erhalten: das **Kulturzentrum Schlachthof** (5). In der ehemaligen Kesselhalle und dem Schlachthofturm bietet ein unabhängiger Verein Tanz, Theater, Musik, Performance, Diskussion sowie einen gemütlichen Biergarten mit Restaurantbetrieb. Internationale Off-Theater sind hier ebenso zu Hause wie vielbeachtete Weltmusikfestivals.

**Kulturzentrum Schlachthof**
Findorffstr. 51, Tel. 377750,
www.schlachthof-bremen.de

Von der Bürgerweide gelangt man östlich des AWD-Dome in wenigen Schritten in den **Bürgerpark** (Detailkarte siehe hintere Buchklappe), wo am barock anmutenden Hollersee das mondäne Parkhotel mit seiner gewaltigen Kuppel den Auftakt zu einem Spaziergang durch Bremens grüne Lunge gibt. Hinter dem Parkhotel öffnet sich der Blick über eine weite Sichtachse bis auf die fast am Ende des über 200 Hektar großen Parks liegende Meierei. Vor über 130 Jahren wurde der ausgedehnte Park ähnlich den Wallanlagen im Stil eines Landschaftsgartens angelegt. Sichtachsen, Wasserläufe, Seen, Brücken, Wild- und Liegewiesen, uralte Bäume, Denkmäler und gusseiserne Bänke bieten für jeden ein ganz eigenes Erlebnis in einer vom Menschen kultivierten Natur. Im Sommer liegen Sonnenhungrige auf den Wiesen, Familien und Kinderspielgruppen bevölkern die gepflegten Spielplätze, Spaziergänger sitzen auf prächtigen Bänken und am Marcus-Brunnen treffen sich die Boule-Spieler. Aber auch Hobbyornithologen, Freunde der Botanik und einsame Spaziergänger kommen auf ihre Kosten, vor allem im Herbst und im Frühjahr, wenn Farben, Wind und Wetter ein fantastisches Spiel miteinander eingehen.

In den Sommermonaten gastiert die **bremer shakespeare company** im Park, eine legendäre Theatertruppe, die international für ihre unkonventionellen, kraftstrotzenden Shakespeare-Inszenierungen bekannt wurde. Unweit der Melchersbrücke kann man

Historische Ansicht der Bürgerweide, im Hintergrund die Silhouette der Stadt

Das Parkhotel im Bürgerpark

am **Tiergehege** mit Schafen, Hühnern, Ziegen und Eseln ein wenig Bauernhofatmosphäre erleben.
In der Nähe liegt auch der **Emmasee**, benannt nach der Gräfin, die den Bremern das Terrain für die Bürgerweide überließ. Am See liegt ein beliebtes Café mit Seeterrasse. Wenige Schritte weiter befindet sich eine Möglichkeit zum Ausleihen von Ruderbooten, mit denen man durch verträumte Wasserläufe gleiten kann. Weiter nördlich stößt man auf ein 1880 gebautes Schweizer Haus, die **Meierei**, das ein sehr empfehlenswertes gehobenes Restaurant und Café beherbergt.
Am nördlichen Ende des Parks bietet die **Waldbühne** allsonntäglich einen Jazzfrühschoppen, aber auch an anderen Tagen lässt sich hier in aller Ruhe inmitten Bremens grüner Oase gemütlich ein Bier trinken.
Im Anschluss an den Bürgerpark, von diesem durch Bahngleise getrennt, findet sich der **Stadtwald**, ein Eldorado für Jogger, die vor allem auf der beliebten Finnbahn ihre Runden ziehen. Der Stadtwald wirkt ein wenig »wilder« als der Bürgerpark und ist auch Heimat des vom BUND geführten Waldkindergartens. Sollte Ihnen also an einem nebeligen Herbstmorgen eine Schar kleiner lustiger Zwerge aus dem Unterholz entgegenkommen, seien sie unbesorgt, die Kinder sind hier zu Hause – zumindest am Vormittag.

Im Norden grenzt der Wald an den Unisee – eine im Sommer beliebte und belebte Bademöglichkeit vor allem für Studierende der benachbarten Universität Bremen. Packen Sie also die Badehose ein!

# Ausflüge

# Ausflüge in die Welt

## Zwischen Himalaya und Japan: Botanika im Park

Im Sommer 2003 eröffnete im Rhododendronpark eine neue Attraktion: Das Botanika, bestehend aus einem 17 Meter hohen Schaugewächshaus und einem fensterlosen Entdeckerzentrum, bietet für Liebhaber fremder Flora einzigartige Einblicke und Informationen. Besucher erleben auf mehr als 4000 Quadratmeter die Gebirgslandschaft des Himalaya, das tropische Borneo sowie einen japanischen Garten. Zwischen Wasserfällen und einer überlebensgroßen Buddha-Statue gedeihen seltene Rhododendronarten aus Nepal, Tibet, Bhutan und Yunnan.

Insbesondere im Entdeckerzentrum gibt es für Kinder ab sechs Jahren spielerische Annährungen an Naturphänomene der Erde und an biologische Zusammenhänge.

Auch außerhalb des grünen Science-Centers ist der Rhododendronpark einen Ausflug in den Stadtteil Horn-Lehe wert. Mit mehr als 1600 Arten ist er der größte Park seiner Art in Europa. Sehens- und schnupperswert sind der Steingarten für alpine Rhododendren und die Azaleensammlung im Azaleen-Museum, das allerdings nur während der Blütezeit Mitte März bis Ende April besichtigt werden kann. Ein Heidegarten und der botanische Garten wirken auf Grünlaien wenig Aufsehen erregend, sind aber liebevoll gepflegt und bieten zahlreiche Entdeckungsmöglichkeiten.

**Botanika/Rhododendronpark**
Deliusweg 40, tgl. 9–18 Uhr
Tel. -361-89789, www.botanika.net
Straßenbahn 4 (Haltestelle Bürgermeister-Spitta-Allee), von dort zu Fuß zum Eingang an der Marcusallee, ca. 150 Meter

## Die Welt des Wissens: Universum Science Center

Wer sich von der Innenstadt kommend der Universität nähert, stößt plötzlich auf eine riesige metallisch glänzende Auster, eine Muschel ... oder ist es ein Wal, ein gestrandetes Raumschiff? Allein der futuristische Bau des Bremer Architekten Thomas Klumpp mit einer Außenhaut aus 40.000 Edelstahlschindeln lässt viele schon begeistert staunen. Im Bauch des Wals erwarten den Besucher auf 4000 Quadratmetern 200 interaktive Experimente und zahlreiche informative Exponate in den drei Rundgängen Universum, Erde und Mensch. Spektakulär sind der Erdbebensimulator, die Zeitreise zum Urknall, ein künstlicher Tornado oder eine Tauchfahrt in die Tiefen der Ozeane. Im wahrsten Sinne des Wortes Erlebnisse bieten aber auch stillere Passagen, wie der

Gang durch eine Gebärmutter, der eindrucksvoll die Entwicklung des menschlichen Lebens thematisiert, oder das Taktildom, in dem man in absoluter Dunkelheit seinen Tastsinn neu erleben kann.

2007 dehnte sich das Universum aus: Neben dem glitzernden Science Center entstanden ein 5000 Quadratmeter großer Außenbereich und die Schaubox mit jährlich wechselnden Sonderausstellungen.

Der EntdeckerPark im Außengelände bietet eine wissenschaftliche Erlebnislandschaft mit einigen Mitmach-Stationen - u.a. darf intensiv mit Wasser geplantscht werden, an heißen Sommertagen eine willkommene Erholung für Kinder. Im Mittelpunkt steht der 27 Meter hohe Turm der Lüfte, ebenfalls mit Experimenten rund ums Thema Wind und Luft.

In der rostroten SchauBox werden auf 700 Quadratmetern jährlich wechselnde Sonderausstellungen gezeigt, 2008 steht das Thema Schokolade im Mittelpunkt.

Das Universum ist für Erwachsene und Kinder gleichermaßen ein Vergnügen, das in der gelungenen Kombination aus Wissensvermittlung und Spaß seinesgleichen sucht. Allerdings sollte man sich Zeit nehmen oder gleich mehrere Besuche einplanen.

**Universum Science Center**
Wiener Straße 2, Tel. 33460,
www.universum-bremen.de

Das Universum bietet neben spektakulären Experimenten auch ruhigere Momente

Die legendäre »Bremen« im Airport

## Ins All mit Astrium

Bremen ist ein wichtiger Standort der europäischen Raumfahrtindustrie. Hier werden nicht nur Teile der Ariane gebaut, sondern auch Transportraumschiffe wie der Space-Hopper oder das 20 Tonnen schwere Transportfahrzeug ATV, das einmal regelmäßig Versorgungsgüter zur internationalen Raumstation ISS bringen soll. Um einen Einblick in die Forschung und Arbeit der Bremer Raumfahrtindustrie zu geben, bietet die BTZ eine Führung durch das Astrium Betriebs- und Nutzungszentrum. Unter sachkundiger Führung erhalten die Besucher einen guten Einblick in die moderne Raumfahrtindustrie. Die Führung schließt eine Besichtigung der legendären »Bremen« auf dem Bremer Airport ein.

**Astrium Besichtigung**
Buchung: BTZ, Findorffstr. 105,
Tel. 0180-5101030
www.bremen-tourismus.de
Führungen nur Fr/Sa u. So

## Eine neue Stadt zwischen Speicher XI und Europahafen

In den ehemaligen stadtbremischen Hafengebieten entsteht seit dem Jahr 2000 eine neue Stadt. Noch haben Bagger das Sagen, aber zwischen Walle und dem neuen Medienquartier Stephaniviertel erstreckt sich Bremens ehrgeizigstes Stadtentwicklungsgebiet.

Einen Eindruck von der Zukunft des 300 Hektar großen Gebietes erhält man zwischen Holz- und Fabrikenhafen und dem neuen Frischezentrum, wo sich der fast 400 Meter lange denkmalgeschützte **Speicher XI** befindet. Von 1908 bis 1912 wurde er als moderner Riesenspeicher für den boomenden Überseehafen errichtet. Der beeindruckende Bau wurde vollkommen renoviert und beherbergt neben der Hochschule für Künste auch ein **Hafenmuseum** und ein Informationszentrum »Überseestadt« zur zukünftigen Nutzung der Hafenreviere.

In Richtung Innenstadt stößt man nach ca. 300 Metern auf rege Bautätigkeit rund um den Speicher I. Hier entstehen am alten Becken des Europahafen in historischen und neuen Gebäuden Lofts, Büros, Einkaufsmöglichkeiten und eine Marina.

Ein Hauch von New York erleben Besucher im »Loft-Restaurant« **Hudson**. Unter dem Motto »Verlieren Sie den Bremer Boden unter den Füßen« bringt ein Aufzug die Gäste auf 24 Meter Höhe ins oberste Geschoss des historischen Speichers. In opulenter Coolness genießt man internationale Küche mit Blick auf die boomende Überseestadt.

Unbedingt lohnend ist auch ein Spaziergang in Richtung Nordwesten entlang des Holz- und Fabrikenhafens. In der alten Feuerwache ist ein italienisches Restaurant untergebracht mit grandiosem Blick in den Holz- und Fabrikenhafen, in dem immer noch Frachter aus Übersee anlegen. Am Hafenkopf und entlang der Kaje erlebt man traditionellen Stück- und Massengutumschlag.

Wer bis zum Eingang des Hafenbeckens Richtung Nordwesten wandert (ca. 2 km) kann die imposante Gröpelinger **Getreideanlage** von ca. 1900 entdecken. Dieser größte Backsteinbau Nordeuropas kann besichtigt werden.

**Hafenmuseum Speicher XI**
Am Speicher XI 1,
www.speicherelf.de
Tel. 3038279, Di–So 11–18 Uhr

**Geführter Spaziergang durch den Fabrikenhafen:** Kaffee, Kunst und vereinzelt Matrosen. Tel. 6197727, www.kultur-vor-ort.com

**Restaurant Speicher XI**
Tel. 619410

**Restaurant Alte Feuerwache**
Tel. 3803808

**Restaurant Hudson**
Tel. 4604646, www.hudson-loft.de

## Meer schnuppern in Vegesack

Knapp 20 Kilometer nördlich vom Dom liegt der Stadtteil Vegesack, über die A27, per Schiff oder per Bahn schnell zu erreichen. 1623 wurde hier an der Lesummündung der erste künstliche Seehafen Deutschlands gebaut. Vegesack entwickelte sich schnell zu einem stolzen Städtchen. Schmucke Kapitänshäuschen, bestückt mit Walfischtrophäen, wurden

gebaut, Reepschläger und Segeltuchmacher ließen sich hier nieder. Später wurde Vegesack zum Standort für Deutschlands größte Heringsfängerflotte und bis vor wenigen Jahren liefen auf der Vulkan-Werft modernste Frachtschiffe vom Stapel.
Bis heute ist Vegesack Bremens maritimster Stadtteil, was er insbesondere beim alljährlichen **Hafenfest** unter Beweis stellt. Eine Autofähre pendelt hinüber zum niedersächsischen Ufer. In den Cafés und Restaurants am Wasser hat man einen herrlichen Blick auf die breite Unterweser. Der kleine Hafen wurde durch die Sanierung im Jahre 2000 zu einem maritimen Schmuckstück, eine futuristische Fußgängerklappbrücke führt über das Hafenbecken auf das ehemalige Gelände der Lange-Werft, wo das **Havenhöft** zum Einkaufsbummel in überdachter Passage einlädt. Ein ehemaliges **Packhaus** bietet Ausstellungen zeitgenössischer Kunst. Am Weserufer hat die **Schulschiff Deutschland** festgemacht, ein 70 Jahre altes Vollschiff, auf dem noch heute Seeleute ausgebildet werden. Das Schiff ist nicht nur zu besichtigen, hier kann sogar geheiratet werden.
Vom Hafen aus weserabwärts gelangt man direkt an der Fähre zur **Strandlust**, einem Traditionsrestaurant mit Hotel. Dahinter erstreckt sich der **Stadtgarten**, eine gemütliche Uferpromenade. Ernst Becker schuf hier in den 20er Jahren die im Geiste des Bauhaus gestaltete »Galerie am Wasser«.
In enger Nachbarschaft zu Vegesack liegt in Grohn auf einem ehemaligen Kasernengelände die **Jacobs University Bremen**, eine private Wissensschmiede, in der sich Studenten aus aller Welt zu Hause fühlen.

**Infos:** www.vegesack.de

**Schulschiff Deutschland**
Friedrich-Klippert-Straße 1,
D-28759 Bremen,
Tel. 6587373, Mo–Fr 10–13 u.
14.30–17 Uhr, Sa/So 10–17 Uhr

**Jacobs University Bremen**
Campus Ring 1, Tel. 2004100

## Vorort New Yorks: Bremerhaven

Im August 2005 eröffnete in Bremerhaven das größte europäische Erlebnismuseum zum Thema Auswanderung. In unmittelbarer Nähe zum Hafen können sich Besucher des **Deutschen Auswandererhauses** auf 2200 Quadratmetern in einer aufwändig gestalteten Ausstellung ein Bild davon machen, wie es vor 150 Jahren gewesen sein mag, die Heimat zu verlassen und über Bremen in die Neue Welt auszuwandern. Mehr als sieben Millionen Menschen traten zwischen 1830 und 1974 hier ihre Passage nach Übersee an.
Neben der Dauerausstellung zur historischen Auswanderung bietet das Haus im ***Forum Migration*** umfassende Datenbanken, mit denen nach emigrierten Familienmit-

Ein spannender Moment Im Zoo am Meer, Bremerhaven

gliedern geforscht werden oder mit deren Hilfe man aktuelle Informationen über Einwanderungsbestimmungen recherchieren kann.
Für begeisterte Schiffsinteressierte bietet das **Deutsche Schiffahrtsmuseum** einen Einblick in die über 2000-jährige Geschichte der Seefahrt, u.a. ist hier auch das Original der 1962 in Bremen gefundenen Kogge zu sehen.
Für Kinder ist der **Zoo am Meer**, eine wunderschöne Attraktion. Pinguine, Seelöwen und Eisbären können durch Unterwasserscheiben beim schwimmen beobachtet, Hasen und Meerschweinchen gestreichelt werden.
Ein Spaziergang an der Kaje, wo die Weser schon nach Meer riecht und eine Bustour durch den Containerhafen, eines der größten Terminals Europas, sind unbedingtes Muss bei einem Tagesausflug nach Bremerhaven.

**Deutsches Auswandererhaus**
Columbusstr. 65, 27568 Bremerhaven
Tel. 0471-90220-0, Fax 90220-22
www.dah-bremerhaven.de
April–Okt. So–Fr 10–18, Sa 10–19 Uhr
Nov.–März tägl. 10–17, Sa 10–18 Uhr

**Deutsches Schiffahrtsmuseum**
Hans-Scharoun-Platz 1, 27568
Bremerhaven, Tel. 0471-482070,
Fax 4820755, www.dsm.museum
April–Okt. tgl. 10–18 Uhr
Nov.–März, Di–So 10–18 Uhr

**Zoo am Meer**
H.-H.-Meier-Str. 7, 27568 Bremerhaven,
Tel. 0471-30841-0, Fax 3084135,
www.zoo-am-meer-bremerhaven.de,
April–Sept. 9–19 Uhr, März/Okt. 9–18
Uhr, Nov.–Feb. 9–16:30 Uhr

**Weitere Informationen:**
www.bremerhaven.de

## Birken und Borsten: Worpswede

Um 1900 siedelten zahlreiche Künstler in das inmitten unzugänglicher Moore liegende Worpswede über, um dem hektischen Großstadtleben und seinem erstarrten Kunstbetrieb zu entrinnen. Sie wollten zurück zu den Ursprüngen der Malerei, zu Licht, Farben und den einfachen Dingen und fanden davon in der wildromantischen Moorlandschaft mehr als genug.

Heute verbinden sich mit Worpswede die Namen von Fritz Mackensen, Otto Modersohn, Fritz Overbeck und Hans am Ende, deren Landschaftsporträts zum Synonym für Norddeutschland wurden. Aber auch der utopische Sozialist Heinrich Vogeler, die frühe Wegbereiterin der Moderne Paula Modersohn-Becker, die Bildhauerin Clara Westhoff und der Dichter Rainer Maria Rilke lebten in der Künstlerkolonie und beeinflussten maßgeblich die Entwicklung des abgeschieden wirkenden Kreises. Bis heute leben und arbeiten Künstler in Worpswede, längst haben sie sich von den »Alten« emanzipiert und eigene Themen und Stile hervorgebracht.

Die Pflege der alten Meister und die Präsentation aktueller Kunst haben sich die zahlreichen Galerien und Ausstellungen zu Eigen gemacht. Die **Große Kunstschau**, ein vom Worpsweder Bildhauer Bernhard Hoetger entworfener expressionistischer Bau, präsentiert die umfangreichste Sammlung der ersten Worpsweder Maler. Auch im **Wohnhaus** von Otto Modersohn und Paula Modersohn-Becker sind alte Meister zu sehen. Die **Kunsthalle Friedrich Netzel** präsentiert Arbeiten aus allen Perioden Worpsweder Künstlerschaffens, während die **Alte Molkerei** internationale Kunst zeigt.

Der von Heinrich Vogeler restaurierte und gestaltete **Barkenhoff** ist ein traumverlorenes Kleinod seiner frühen Arbeiten. Nach dem Schock des Ersten Weltkriegs begeisterte sich Vogeler für die radikale Linke und baute den Barkenhoff zu einer Kommune und später zu einem Erholungsheim für Kinder verarmter proletarischer Familien aus. Im Hauptgebäude finden wechselnde Ausstellungen statt, während in den Nebengebäuden Kunststipendiaten der Barkenhoff-Stiftung arbeiten.

Im **Haus im Schluh** befindet sich die Heinrich-Vogeler-Sammlung, deren Stücke dort besichtigt werden können.

Überall im Dorf haben Künstler ihre Spuren hinterlassen. Heinrich Vogeler gestaltete 1910 den **Worpsweder Bahnhof**, der ein ausgezeichnetes Restaurant beherbergt. Hoetger entwarf nicht nur die Kunstschau, sondern auch das benachbarte **Kaffee Worpswede**, das von den Worpswedern nur »Kaffee Verrückt« genannt wurde.

Bei all den gemalten Landschaften sollte man einen Ausflug in die wirkliche Landschaft nicht vergessen. Zwar hat das **Teufelsmoor** bei Worpswede seine dun-

Der Barkenhoff in Worpswede

klen Schrecken für Städter längst verloren, aber es ist nach wie vor eine einzigartige Naturlandschaft, die sich mithilfe eines geführten Rundgangs gut erschließen lässt. »Dovelsmoor«, totes Moor, nannten die Bewohner den unwirtlichen Landstrich, der erst im 18. Jahrhundert durch Jürgen Christian Findorff (1720 - 92) systematisch erschlossen wurde. Fortan wurde in dem ausgedehnten Hochmoor zwischen Bremervörde, Ritterhude und Fischerhude Torf gestochen, ein begehrter Brennstoff für die expandierende Stadt Bremen. Über ein weit verzweigtes Netz von Kanälen und Flussläufen wurde der Torf auf Torfkähnen mit den typischen großen, dunklen Segeln bis in die Stadt transportiert. Auf Nachbauten alter Torfkähne können heute romantische Fahrten durch diese einzigartige Landschaft unternommen werden.

**Gästeinformation für Worpswede und das Teufelsmoor**
Bergstraße 13, 27726 Worpswede
Telefon 04792-935820, Fax 935823
www.worpswede.de, Öffnungszeiten:
Mitte Apr.–Mitte Okt. Mo–Fr 10–17 Uhr, Sa/So und an Feiertagen 10–16 Uhr, Mitte Okt.–Mitte 10–14 Uhr

**Torfkahnfahrten**
torfkaehne@bras-bremen.de,
Tel. 37877586

HAAKE-BECK
HAAKE-BECK

# Reiseinformationen von A–Z

# Bremen kompakt

## Reiseinformationen von A bis Z

Soweit nicht anders angegeben, gilt die Telefonvorwahl 0421 bzw. +49-421

### ADAC Pannenhilfe

Tel. 01802-222222, www.adac.de

### Anreise

**Mit dem Auto:**
A 1 aus Richtung Ruhrgebiet bzw. Hamburg, A 27 aus Hannover bzw. Bremerhaven.

**Mit der Bahn:**
Bremen ist ans ICE-Netz angeschlossen, IC-Züge zu allen großen Städten. Der Hauptbahnhof befindet sich direkt im Zentrum.
Fahrplanauskunft Deutsche Bahn AG vom Festnetz 0800-1507090 / vom Mobiltelefon 01805-221100

**Mit dem Flugzeug:**
Vom Airport Bremen kommt man mit der Straßenbahnlinie 6 ins Zentrum und zum Hauptbahnhof (ca. 12 Minuten).
**Information**, Tel. 55950, www.airport-bremen.de

### Auskunft

**Informationszentren der BTZ** befinden sich im Hauptbahnhof, Mo - Fr 9 - 19 Uhr, Sa/So 9.30 - 18 Uhr und am Liebfrauenkirchhof, Mo - Fr 10 - 18.30 Uhr, Sa/So 10 - 16 Uhr. In den Büros liegen aktuelle Broschüren aus, hier können Veranstaltungen und Stadtbesichtigungen per Bus und zu Fuß gebucht werden, Hotels gebucht und Informationen eingeholt werden.
Bremer Touristik Zentrale (BTZ), Findorffstr. 105, 28215 Bremen

**Service-Hotline** 01805-101030 (Hotelbuchungen, Veranstaltungen, Stadtrundfahrten etc.), www.bremen-tourism.de
Informationen auch www.bremen.de

### Bremen im Internet

www.bremen.de
www.bremerhaven.de
www.bremen-tourism.de
www.seestadtbremerhaven.de
www.vegesack.de
www.ueberseestadt-bremen.de

### Autovermietung

**Avis**, Tel. 01805-217702, www.avis.de
**Europcar**, Tel. 0180-58000, www.europcar.de
**Hertz**, Tel. 01805-938814, www.hertz.de
**Sixt**, Tel. 0180-5252525, www.sixt.de

### Bistros, Bars und Restaurants

### Innenstadt

**Alex**, Domshof/Hanseatenhof, Tel. 1735770. Vor allem von der Dachterrasse herrlicher Blick auf den Domshof

**Alex' Brasserie**, Pelzerstraße 8, Tel. 1692232. Quirlig und lecker

**Alte Gilde**, Ansgaritorstraße 24, Tel. 171712. Gemütliches Restaurant in der Bremer Innenstadt im Gewerbehaus

**Beck's Bistro**, Am Markt 9, Tel. 326553. Zentrale Lage direkt am Rathaus

**Beck's zur Glocke**, Domsheide 6 - 8, Tel. 3366888. Am ehemaligen Kreuzgang des Doms, ein ruhiger Ort im Zentrum der City, gehobene, gut-bürgerliche Küche

**Bremer Ratskeller**, Am Markt, Tel. 321676. Im Weinkeller sitzen Bremer und Touristen gleichermaßen gern. 600 exzellente Weine können genossen werden

**energiecafé**, Sögestraße/Am Wall, Tel. 2772510. Es erwartet Sie neben leckerer mediterraner Küche ein täglich wechselnder Mittagstisch, selbst gebackener Kuchen und ausgesuchte Kaffeespezialitäten

**Et kütt wie et kütt**, Böttcherstraße 3 - 5, Tel. 320995. Bremische und internationale Küche

**Friesenhof**, Hinter dem Schütting 12 - 13, Tel. 3376666. Traditionelle norddeutsche Gerichte, frische freche friesische Speisen

**Gasthausbrauerei »Schüttinger«**, Hinter dem Schütting 12 - 13, Tel. 3376633. Erste Bremer Gasthausbrauerei. Rustikales, gemütliches Gasthaus mit selbst gebrautem Bier und deftigen Speisen

**Kaffeehaus Classico**, Am Markt 17, Tel. 1784694. Restaurant und Café in schönem, klassischen Ambiente

**Kaffeemühle**, Am Wall 212, Tel. 14466. In den Wallanlagen steht eine über 100 Jahre alte Mühle. In dieser Oase der Ruhe können Sie mitten im Grünen exzellent essen und trinken

**Kleiner Ratskeller**, Hinter dem Schütting 11, Tel. 326168, www.kleiner-ratskeller-bremen.de. Gute bremische Hausmannskost

**La dolce vita**, Bahnhofsplatz 11, Tel. 30590. Bestes italienisches Restaurant der Stadt

**L'Echalote**, Hollerallee 99, Tel. 37890. Gourmetrestaurant im Hotel Maritim

**L'Orchidée**, Am Markt, Tel. 321676. Mit einem Michelin-Stern ausgezeichnetes Gourmet-Restaurant im Bremer Ratskeller

**Restaurant Timbale**, Tiefer 8, Tel. 2441900. Das kleine feine Exklusiv-Restaurant, einmalig in Bremen, nur fünf Tische, französische, italienische u. deutsche Küche mit Frischeprodukten, Fisch aus Wildfang

**Salomon's**, Ostertorstraße 11 - 13, Tel. 2441771. Restaurant, Bar & Lounge und Biergarten auf über 800 m² im historischen Gerichtshaus. Mediterran geprägte Küche mit kreativen Einflüssen aus Übersee

**Spitzen Gebel**, Hinter dem Schütting 1, Tel. 3306898. Ältestes Bürgerhaus in Bremen. 1345 - 1948 Wohn-/Geschäftshaus, seit 1949 Traditionslokal Bremer Kaufleute. Spezialität des Hauses: »Sluk ut de Lamp«

**Ständige Vertretung im Flett**, Böttcherstraße 3 - 5, Tel. 320995. Rheinische Kultkneipe in der historischen Böttcherstraße in politischem Ambiente

**Theatro**, Goetheplatz 1, Tel. 326080. Nicht nur vor und nach dem Theaterbesuch ein beliebter kulinarischer Treffpunkt, schöner Außenbereich

## Schlachte

**Bodega del Puerto**, Schlachte 31, Tel. 1783797. Restaurant und Tapas-Bar mit authentischer spanischer Küche und mediterraner Atmosphäre

**Bolero Schlachte**, Langenstraße 68, Tel. 707670. Mexikanische Spezialitäten, Cocktails

**Camarillo**, Schlachte 30, Tel. 1695454. Café, Bar u. Restaurant

**Gaststättenschiff Pinguin**, Schlachte Anleger 3 b, Tel. 2765777 oder 0172-4204720. Café und Kneipe mit Sonnendeck

**Luv**, Schlachte 15 - 18, Tel. 1655599. Restaurant, Café, Bar

**Madame Ho**, Schlachte 41, Tel. 1683870. Spitzenrestaurant mit euro-asiatischer Küche zu dennoch erträglichen Preisen

**Pannekoekschip »Admiral Nelson«**, Schlachte/Anleger 1, Tel. 3649984. Ein »piratisches« Erlebnis für Jung und Alt mit über 100 Pfannkuchengerichten aus aller Welt, einzigartigem Ambiente und Blick auf die Weser

**Paulaner's**, Schlachte 30, Tel. 1690691. Bayerisches Wirtshaus, großer Biergarten mit Blick auf die Weser.

**Theaterschiff Bremen – Bühne 3**, Tiefer 104/Anleger 4, Tel. 7908600. Bistro, Restaurant und Bar.

### Im Schnoor

**Aioli**, Schnoor 3–4, Tel. 323839. Spanische Tapas-Bar

**Amtsfischerhaus**, Schnoor 31, Tel. 323287. Gediegene Fischspezialitäten

**Beck's in'n Snoor**, Schnoor 34–36, Tel. 323130. Gutbürgerliche Küche

**Carvalho**, Kolpingstr. 14, Tel. 3365080. Spanisch-katalanische Restaurant-Bar, benannt nach dem Inspektor/Hobbykoch der Krimis von Vázquez Montalbán

**Concordenhaus im Schnoor**, Hinter der Holzpforte 2, Tel. 8980740. Das Restaurant für Bremer Spezielitäten.

**Gasthof Kaiser Friedrich**, Lange Wieren 13, Tel. 326429. Uriges Gasthaus im Schnoorviertel

**Haake-Beck Ausspann**, Schnoor 1–2, Tel. 321124. Rustikale Gastronomie

**Katzen-Café**, Schnoor 38, Tel. 326621. Hier gibt's besten Fisch

**Kleiner Olymp**, Hinter der Holzpforte 20, Tel. 326667. Fisch und norddeutsche Küche

**Peking-Enten-Haus**, Balgebrückstr. 24, Tel. 323432

**Schröter's Leib & Seele**, Schnoor 13, Tel. 326677. Mediterrane Vorspeisen und Snacks in guter Atmosphäre

**Scusi**, Wüstestätte 11, Tel. 326101. Italienische Küche

### Bürgerpark

**Haus am Walde**, Kuhgrabenweg 2, Tel. 212765. Biergarten am Stadtwald, im Sommer Livekonzerte und wöchentliches Openairkino

**Kaffeehaus am Emmasee**, Tel. 344241. Gediegene norddeutsche Speisen in einem in den See hineingebauten Café mit Terrasse

**Meierei im Bürgerpark**, Tel. 3408619. Gehobene Küche

**Waldbühne** im Bürgerpark, Parkallee 269, Tel. 217415. Von April bis September sonntags um 11 Uhr Jazzmusik. Kleine Snacks

### Im Hafen

**Café/Bistro Use Akschen**, Gröpelinger Fährweg, Tel. 6918182. Ausflugslokal direkt am Hafenbecken mit Strandkörben an der Kaje. Nur im Sommer geöffnet. Erreichbar mit dem Schiff ab Martinianleger bis Gröpelinger Fähranleger

**Hudson Loftrestaurant & Club**, Speicher I. Europahafen, Konsul-Smidt-Straße 8 D, Tel. 4604646. Täglich wechselnder Mittagstisch und Business-Lunch. Abendrestaurant, Bar & Kaminlounge mit Metropolitan Food von Wien bis Tokio, große Weinauswahl, Di–Sa ab 18 Uhr

**Restaurant Feuerwache**, Waller Stieg 5, Tel. 3803808. Feines Restaurant mit Blick auf den Hafenbetrieb

**Restaurant Speicher XI**, Tel. 619410

## Cafés

### Innenstadt

**Café Stecker**, Knochenhauerstr. 14, Tel. 12593. Traditionsreiches Café in der City

**Energie-Café**, Sögestr./Am Wall, Tel. 2772510, Mo - Sa 9 - 21 Uhr. Modern und chic

**Konditorei Knigge**, Sögestr. 42 - 44, Tel. 13060. Nicht der Freiherr, sondern Bäckermeister Wolfgang Knigge erfand 1883 die Kapuzinertorte. Heute neben anderen Spezialitäten immer noch eine Gaumenfreude im Traditionscafé Knigge, auch vegetarische Küche und Diabetiker-Spezialitäten, alles aus eigener Herstellung

**Raths-Konditorei**, Am Markt 11, Tel. 12593. Zentrale Lage am Schütting

## Im Schnoor

**Café Tölke**, Schnoor 23 a, Tel. 324330. In dem Ambiente mit Sofas und tollen Torten kommt echte Wiener-Caféhaus-Atmosphäre auf

**Teestübchen**, Wüstestätte 1, Tel. 326091. Das Teestübchen bietet Alles für eine Teezeremonie, das Restaurant die Speisen. Absolut vegetarisch!

## Am Strand

**Café Sand**, Strandweg 106, Tel. 556011. Eine kleine Fähre pendelt vom Sielwall (Ostertor) zum beliebten Café. Während die Kinder am Strand buddeln, können die Erwachsenen bei Kaffee oder Hefeweizen die Seele baumeln lassen.

## Einkaufen und Souvenirs

Sögestraße und Obernstraße bilden die traditionelle Einkaufscity Bremens. Über die **Fußgängerzone** lässt es sich gemütlich flanieren, immer wieder trifft man auf überraschend gute (Straßen-)Musiker. Man findet große Kaufhäuser, Boutiquen, die einschlägigen Handelsketten ebenso wie traditionellen Fachhandel.

In den letzten Jahren entstanden zahlreiche Passagen. Vom Domshof gelangt man in die luxuriöse Domshof- und Katharinen-Passage, mit exklusiven Boutiquen und edlen Bars. Durch die an Karstadt und andere große Kaufhäuser grenzende Lloyd-Passage gelangt man zum Ansgarikirchhof, wo sich mit dem Lloyd-Hof eine weitere Einkaufspassage anschließt. Auch der Wall wurde mit einem Glasdach versehen und lädt zum überdachten Shoppen entlang eleganter Fachgeschäfte ein.

**Souvenirs** und gehobenes **Kunsthandwerk** gibt es vor allem in der Böttcherstraße und im Schnoor. Vom Windvogel über Schmuck, originelle Stoffbären, Bremer Schokolade, Buddelschiffe, Schnoorkopfzigarren, Sehenswürdigkeiten aus aller Welt als Bastelbogen, Weihnachtszubehör bis hin zu den obligatorischen Stadtmusikanten in allen erdenklichen Variationen findet man dort alles.

**Flohmarkt** gibt es Sa 8 - 14 Uhr an der Weserpromenade und So 7 - 14 Uhr auf der Bürgerweide und/oder beim Hansa Carré in Hastedt. Auf dem Domshof befindet sich ein **Wochenmarkt** mit außergewöhnlich hochwertigen und breitgefächerten Angeboten (Mo - Sa 8 - 14 Uhr)

## Führungen und Rundgänge

Die Bremer Touristik-Zentrale offeriert zahlreiche Führungen und Rundfahrten, hier nur einige Vorschläge:

**Täglicher Stadtrundgang**, tgl. 14 Uhr (12. Apr. - 4. Okt Sa auch 11 Uhr), Dauer ca. 2 Stunden, Treffpunkt Tourist-Information Obernstraße/Liebfrauenkirchhof

**Stadtrundfahrt**

Di - So 10.30 Uhr, Dauer ca. 2 Stunden, Treffpunkt ZOB Hauptbahnhof Linienbusverkehr, Bussteig M

**Rathausführung**

Mo - Sa 11, 12, 15, 16 Uhr, So 11, 12 Uhr (Terminänderungen möglich), Dauer ca. 1

Stunde, Treffpunkt Rathaus, Am Markt/ Domseite

**Ratskellerführung**
März - Okt. Fr 16 Uhr, Dauer ca. 1 Stunde, Treffpunkt Tourist-Information Obernstraße/Liebfrauenkirchhof

**Raumfahrtführung**
Fr 17 Uhr, Sa 13+15 Uhr, So 11 Uhr (Jan. - März nur Sa 13+15 Uhr), Dauer ca. 2 Stunden, Treffpunkt Parkkasse Ankunftshalle Flughafen Bremen
Karten nur in den Tourist-Informationen in der Obernstraße/Liebfrauenkirchhof und im Hauptbahnhof oder über das Service-Telefon 01805-101030 (0,14 €/Min. Festnetz, ggf. andere Preise Mobilfunk) oder 3080010, www.bremen-tourismus.de

**Stadtführungen und -rundfahrten** für Gruppen (auch mit speziellen Themenschwerpunkten), aber auch geführte Kneipenbummel, Walking Dinner, Kohl- und Pinkeltouren und vieles mehr nach Absprache!
Darüber hinaus bieten verschiedene freie Träger thematische Rundgänge zu interessanten Orten an.

**Bremer Nachtwächter**
Ganzjährig bietet Kultur Vor Ort einen Rundgang mit Nachtwächter durch das romantische Schnoorviertel.
Termine und Buchung: Tel. 6197727, www.kultur-vor-ort.com

**Hafen und Industriekultur**
Kultur Vor Ort bietet Führungen durch das Industriedenkmal Getreidespeicher am Getreidehafen und Rundgänge durch die alten stadtbremischen Häfen.
Termine und Buchung: Tel. 6197727, www.kultur-vor-ort.com

Der Verein **STATTReisen Bremen** bietet thematische Führungen, u.a. auch für Kinder oder mit dem Fahrrad, durch Bremen an. Informationen unter Tel. 4305656, www.stattreisen-bremen.de

## Fundbüros

**Fundamt**, Tel. 361-10078 oder 361-10081
**BSAG**, Tel. 55967979, Mo - Fr 14 - 18Uhr

## Hunde

In Bremen und Bremerhaven besteht Leinenzwang nur für läufige Hündinnen und für alle Hunde, die in öffentlichen Verkehrsmitteln, Geschäften, Einkaufszentren und bei Veranstaltungen mit Menschenansammlungen mitgeführt werden. Einige Rassen müssen generell einen Maulkorb tragen. Beachten Sie bitte bei Ausflügen ins Umland, dass dort die Maulkorbpflicht auch für Dobermann, Mastiff und Rottweiler gilt.

## Jugendherberge

Kalkstr. 6, Tel. 163820, Fax 1638255, www.jugendherberge.de/jh/bremen.
In der City an der Weser gelegen.

## Kartenvorverkauf

**Bremer Touristik Zentrale** (BTZ) im Hauptbahnhof, Service-Hotline 01805-101030

**Glocke**, Domsheide 4/5, Tel. 336699, Mo - Fr 10 - 18 Uhr, Sa 10 - 15 Uhr

**Ticket Service Center** TSC Eventim, im AWD-Dome, Bürgerweide, Tel. 353637, www.tsc.de

## Kinder

Kinder finden in Bremen viele Freizeitbeschäftigungen: In Walle befindet sich das Paradice, im Winter Eissporthalle, im Sommer Fläche für Inliner. Fast jeder

Stadtteil verfügt über unterschiedlich ausgestattete Hallen- und Freibäder. Im Bürgerpark kann auf den Teichen gerudert werden. Während der Freimarktzeit ist auf dem Marktplatz der »Kleine Freimarkt« aufgebaut, der speziell für die Jüngsten Karussell und Miniriesenrad bietet.
Für junge Leute haben drei Theater spezielle Programme: das Figurentheater THEATRIUM im Schnoor, das MOKS hinter dem Schauspielhaus und das Theaterkontor in der Schildstraße. Das Universum Science Center eignet sich schon für Kinder ab ca. 8 Jahren, ebenso spannend ist ein Besuch im Überseemuseum. An der Schlachte lassen sich Kinder vor allem für das Pfannkuchenschiff »Admiral Nelson« begeistern. Alle Veranstaltungen für Kinder finden sich in der monatlich erscheinenden »KinderZeit«, die überall kostenlos ausliegt. www.kinderzeitung.de

## Kinos

**Atlantis**, Böttcherstr. 4, Tel. 792550, www.bremerfilmkunsttheater.de

**Cinema**, Ostertorsteinweg 105, Tel. 700914, www.cinema-ostertor.de

**Cinemaxx**, Breitenweg 27, Tel. 24636299, www.cinemaxx.de

**Cinespace** (am Space-Park/Waterfront Bremen), Tel. 500990, www.cinespace.de

**CineStar Kristall-Palast**, Hans-Bredow-Straße 9, Tel. 4275555, www.cinestar-kristall-palast.de, www.cinestar.de

**City-Filmtheater**, Birkenstr. 1, Tel. 1653100, city.kinoinbremen.de

**Gondel**, Schwachhauser Heerstr. 207, Tel. 792550, www.bremerfilmkunsttheater.de

**Haus am Walde** (Openairkino), Kuhgrabenweg 2, Tel. 212765, www.hausamwalde-bremen.de

**Kino 46/Kommunalkino**, Waller Heerstr. 46, Tel. 3876731, www.kino46.de

**Schauburg**, Vor dem Steintor 114, Tel. 792550, www.bremerfilmkunsttheater.de

## Märkte

**Blumenmarkt**, Liebfrauenkirchhof, Mo-Sa 8-14 Uhr

**Bremer Kajenmarkt**, Schlachte, Sa 10-16 Uhr (Mai-Sep.)

**Flohmarkt Bürgerweide/Hansacarrée**, So 7-14 Uhr (Termine unter www.breminale.de).

**Weserflohmarkt Schlachte**, Sa 8-14 Uhr

**Wochenmarkt Domshof**, Mo-Sa 8-14 Uhr

## Mitfahren/Mitwohnen

**Mitfahrzentrale**, Körnerwall 1, Tel. 72011 (Mo-Fr 10-18, Sa 10-13 Uhr) www.mitfahrzentrale-bremen.de

**Mitwohnzentrale**, Humboldtstr. 28, Tel. 19445, (Mo-Fr 10-18, Sa 10-13 Uhr), www.bremen.homecompany.de

## Museen

**Dom-Museum**, St. Petri-Dom, Tel. 365040, Mo-Fr Apr.-Okt. 10-16.45 Uhr, Nov.-März 11-16 Uhr, Sa 10-13.30 Uhr, So 14-16.45 Uhr, geschlossen: Karfreitag, 1.5., 3.10., 24./25.12., 31.12., sowie bei kirchlichen Amtshandlungen
Die wertvollsten Stücke wurden bei neueren Grabungen im Dom gefunden: Mittelalterliche Bischofsgräber, darunter wertvolle Goldschmiedearbeiten und Textilien. Gut dokumentiert wird darüber hinaus die 1200-jährige Geschichte des Doms und seiner Vorgängerbauten. Außerhalb des Doms befindet sich der **Bleikeller**, der vom Glockengarten aus zugänglich ist. Hier werden acht seit Jahrhunderten konservierte Mumien in offenen Särgen zur Schau gestellt. Geöffnet nur von Ostersamstag bis 31. Okt. Mo-Fr 10-16.45 Uhr, Sa 10-13.45 Uhr, So 12-16.45 Uhr

**Focke-Museum (Bremer Landesmuseum für Kunst und Kulturgeschichte)**, Schwachhauser Heerstr. 240, Tel. 6996000, Di 10 - 21 Uhr, Mi - So 10 - 17 Uhr, www.focke-museum.de
Das abseits in einem großzügigen Villenviertel liegende Bremer Landesmuseum widmet sich der Geschichte Bremens. Im Hauptgebäude führt eine Dauerausstellung mit Gemälden, Skulpturen und zahlreichen Modellen durch 1200 Jahre Bremer Geschichte vom Dombau über die Industrialisierung bis zur Werftenkrise in den 1980ern. Regelmäßig finden Wechselausstellungen zu verschiedenen Themen statt. Seit kurzem verfügt das Museum auch über ein Schaumagazin auf 2000 m². In den historischen Nebenhäusern befinden sich Sammlungen u.a. zur bürgerlichen Wohnkultur und Kleidung des 18. - 20. Jahrhunderts, zur Landwirtschaft, Seefahrt und Flussfischerei.

**GAK Gesellschaft für Aktuelle Kunst**, Teerhof 21, Tel. 500897, Di - So 11 - 18 Uhr, Do 11 - 21 Uhr, www.gak-bremen.de
Die GAK versteht sich als Podium für zeitgenössische Künstler aus aller Welt, die zur Realisierung von Projekten nach Bremen eingeladen werden. Die GAK stellt nicht nur in den eigenen Räumen aus, sondern führt auch Projekte in der ganzen Stadt durch.

**Gerhard-Marcks-Haus**, Am Wall 208, Tel. 327200, Di - So 10 - 18 Uhr, Führungen Do 17 Uhr So 12 Uhr, www.marcks.de
Das Bildhauermuseum präsentiert laufend Arbeiten aus dem Werk von Gerhard Marcks (1889 - 1981), dessen Skulpturen im Nationalsozialismus als »entartet« diffamiert wurden. Wechselausstellungen zeitgenössischer Bildhauer im Erweiterungsbau setzen sich mit dem Werk Marcks' auseinander.

**Krankenhausmuseum am Zentralkrankenhaus**, Bremen Ost-Haus 43, Züricher Str. 40, Tel. 4081757, Mi - So 15 - 18 Uhr
1904 wurde im Osten Bremens ein für damalige Verhältnisse fortschrittliches Asyl für psychisch Kranke gebaut. Das bundesweit einzigartige Krankenhausmuseum widmet sich nicht nur dieser Geschichte, sondern zeigt die Sozialgeschichte des Pflegewesens, gibt Einblick in das Verständnis von psychischer Krankheit und widmet sich der Psychiatrie der Nazi-Zeit, die Pflege und Heilung durch Zwangssterilisation u. Euthanasie ersetzte.

**Kunsthalle Bremen**, Am Wall 207, Tel. 329080, Di 10 - 21, Mi - So 10 - 17 Uhr, www.kunsthalle-bremen.de
Bedeutende Sammlung europäischer Malerei ab dem 15. Jahrhundert. Der Schwerpunkt liegt auf französischen und deutschen Arbeiten des 19. u. 20. Jahrhunderts, darunter Eugène Delacroix, Gustave Courbet, Wilhelm Leibl, Max Liebermann, Max Slevogt, Lovis Corinth, Max Beckmann. Stark vertreten sind Werke aus der Künstlerkolonie Worpswede und wichtige Arbeiten von Paula Modersohn-Becker. Das Kupferstichkabinett ist eines der größten in Euopa und enthält fast das gesamte druckgrafische Werk von Albrecht Dürer, aber auch Arbeiten von Goya, Menzel und Picasso. Seit einigen Jahren hat mit Arbeiten beispielsweise von John Cage, Peter Campus, Otto Piene oder Nam June Paik die Moderne unter dem Stichwort »Bewegung, Licht, Film, Video« Einzug in die Sammlung gehalten. Mit Sonderausstellungen lockt die Kunsthalle regelmäßig Zehntausende Besucher aus ganz Deutschland nach Bremen.

**Neues Museum Weserburg**, Teerhof 20, Tel. 598390, Di, Mi, Fr 10 - 18/ Do 10 - 21/ Sa/So 11 - 18 Uhr, www.nmwb.de
Sammlung zeitgenössischer Kunst, untergebracht in vier geschickt umgebauten ehemaligen Speichergebäuden. Das Museum versteht sich als neutrale Bühne für bedeutende Sammlungen, die teils permanent, teils temporär gezeigt werden. Die Werke der unterschiedlich gewichteten Sammlungen ergeben ein der internationalen Avantgarde angemessenes widersprüchliches und anregendes Gesamtbild. Begleitend finden ständig Veranstaltungen von Performances über Werkstattgespräche bis hin zu Video- und Filmpräsentationen statt.

Die Rathausarkaden sind ein beliebter Ort zum Verweilen

**Paula Modersohn-Becker Museum und Museum im Roselius-Haus**, Böttcherstr. 6 - 10, Tel. 3365077, Di - So 11 - 18 Uhr, www.pmbm.de.
Im Paula Modersohn-Becker Museum sind Gemälde, Zeichnungen und Grafiken der Worpsweder Künstlerin zu sehen, aber auch Arbeiten von Bernhard Hoetger. Das Haus konzipiert regelmäßig Sonderausstellungen auch zeitgenössischer Künstler. Das Roselius-Haus versammelt Mobiliar, Kunstwerke und Ausstattungsgegenstände eines typischen Altbremer Patrizierhauses, zur Sammlung gehört auch der berühmte Silberschatz der »Compagnie der Schwarzen Häupter aus Riga«.

**Spielzeugmuseum im Schnoor**, Schnoor 24, Tel. 320382, Mo - So 11 - 18 Uhr
Ein liebevoll eingerichtetes und geführtes Museum mit Porzellanpuppen, Teddybären, Puppenstuben und Kaufläden.

**Überseemuseum**
Bahnhofsplatz 13, Tel. 16038101, Di - Fr 9 - 18 Uhr, Sa/So 10 - 18 Uhr, www.ueberseemuseum-bremen.de
Mit neuen Dauerausstellungen bietet das Überseemuseum eine erstklassige unterhaltsame und informative multimediale Reise in die Kultur und Geschichte der Südsee und Asien. Aber auch die »alten« Abteilungen der Völker-, natur- und handelskundlichen Sammlung mit Exponaten aus aller Welt sind sehenswert. Thematisiert wird auch die internationale Handelsgeschichte Bremens. Regelmäßig finden thematische Sonderausstellungen statt.

**Universum Science Center**, Wiener Str. 1a, Tel. 33460, 9 - 18, Sa/So, feiertags 10 - 19 Uhr, www.universum.bremen.de
In einem futuristischen Gebäude neben der Universität befindet sich ein einzigar-

tiges wissenschaftlich fundiertes Lernmuseum, in dem mit interaktiven Experimenten und anschaulichen Exponaten drei Expeditionen zum Thema Mensch, Erde und Kosmos angeboten werden. Für Kinder und Erwachsene gleichermaßen ein Erlebnis.

**Wilhelm-Wagenfeld-Haus**, Am Wall 209, Tel. 3399933, Di 15 - 21, Mi - So 10 - 18 Uhr, Führungen So 13 Uhr, www.wilhelm-wagenfeld-stiftung.de
Stiftung und Haus widmen sich ausschließlich dem zeitgenössischen Design. Darüber hinaus werden Arbeiten des Pioniers des deutschen Industriedesigns Wilhelm Wagenfeld gezeigt.

## Öffentliche Verkehrsmittel

Bremen lässt sich sehr gut ohne Auto erkunden. Mehrere Straßenbahn- und Buslinien erschließen die Stadt; zentrale Umsteigehaltestellen sind Hauptbahnhof und Domsheide, es gibt überall Radwege und die wesentlichen Sehenswürdigkeiten liegen fußläufig erreichbar in der City. Die BSAG bietet zahlreiche Spezialtickets für Familien, Gruppen, für einen Tag oder länger an.
Mit einem »N« gekennzeichnete Busse verkehren nachts und ermöglichen die sichere Heimreise in die Unterkunft bis in den frühen Morgen.
Für weitere Fragen über Bus, Bahn und Tickets gibt es das 24h-Kundentelefon unter der Tel. 01805-826826 für 0,12 €/Min aus deut. Festnetz, www.bsag.de.

## Parken

Ein gutes Parkleitsystem führt in die dreizehn City-Parkhäuser. Das ParkTicket kann innerhalb der City als Ticket für alle Busse und Bahnen benutzt werden. Das ParkTicket PLUS gilt von Montag bis Samstag zwischen 9.30 und 20.30 Uhr für max. zwei Erwachsene und zwei Kinder als Fahrschein. Es darf benutzt werden zwischen Doventor bis St. Jürgen Straße und Bürgerweide bis Weser.

## Planetarium

Werderstr. 73, Tel. 59054678, www.planetarium.hs-bremen.de
Das Olbers-Planetarium ermöglicht mit der 12-Kanal-Lichttechnik und den 35 komfortablen Sitzplätzen klassische Vorträge ebenso wie unterhaltsame Shows unter künstlischem Sternenhimmel.

## Radfahren

Bremen verfügt über ein vorbildlich ausgebautes **Radwegenetz**, eine große Fahrrad- und ADFC-Station befindet sich direkt am Bahnhofsvorplatz. Für den sportlichen Urlaub hat die Bremer Touristik Zentrale (www.btz.de) mehrere Kurzreise-Vorschläge ausgearbeitet. Teufelsmoor, das Künstlerdorf Worpswede und Fischerhude sind gut mit dem Rad zu erreichen.
Der Allgemeine Deutsche Fahrrad-Club (ADFC) und andere Anbieter wie Hal Över (siehe Reedereien) bieten Touren mit Schiff und Rad ins Umland von Bremen. Mit der ADFC-Radtourenkarte (1:150.000, Zwischen Elbe und Weser und 1:750.000, Bremen und Umgebung) lassen sich hervorragend Touren auf eigene Faust planen. Besonders reizvoll ist die Kombination mit dem Schiff, beispielsweise nach Vegesack und von dort entlang der Lesum und Wümme zurück durchs Blockland in die Innenstadt.
Informationen auch beim ADFC, Bahnhofsplatz 14a, Tel. 79479511, Mo–Fr 10 - 18 Uhr, Sa 10 - 14 Uhr, www.adfc-bremen.de
Beliebt ist auch der **Weser-Radweg**, der in Hann. Münden startet und durch das »Land der Märchen« über Hameln und Bremen nach Bremerhaven führt. Weser-Radweg-Hotline: Tel. 598290

## Restaurants

siehe Bistro, Bars, Restaurants

## Schiffsfahrten

Die Reederei Hal Över bietet neben traditionellen Hafenrundfahrten und zahlreiche thematische Schiffsreisen an, das Programm ist am Martinianleger, in den Informationspavillions der BTZ oder direkt bei Hal Över erhältlich.

**Weser- und Hafenrundfahrten:**
**Hal Över**, Schlachte 2, Tel. 338989, www.hal-oever.de
Die **Torfkähne** »Jan van Moor« und »Jan von Findorff« und »Jan von Bremen« kann man chartern über: torfkaehne@bras-bremen.de

## Sport

**Eissporthalle Paradice**, Waller Heerstr. 293a, Tel. 6913724, www.eissporthalle-bremen.de

**Golf-Club Oberneuland**, Heinrich-Baden-Weg 25, Tel. 259221 (18-Loch-Anlage), www.golf-club-oberneuland.de, tgl. geöffnet

**Golf Park Lesum**, Lesumbroker Landstr. 70, Tel. 94934-0, www.golfpark-online.de, 15. März – 31. Okt. Di – So & Feiertage 9.30 – 18.30 Uhr, Mo 13 – 18.30 Uhr, 1. Nov – 14. März Di – So & Feiertage 10 – 17 Uhr

**Hallen- und Freibad Westbad**, Waller Heerstr. 293a, www.bremer-baeder.de, Tel. 691370

**Kletterbunker**, Brunnenhofstr. 6, Tel. 501124, www.der-bunker.net, März – Sept.

**Sportbad Uni**, Badgasteiner Straße, Tel. 2182531

**Stadionbad**, Franz-Böhmert-Str. 13, Tel. 490985

**Südbad**, Neustadtswall 81, Tel. 959710

**Unisee (Stadtwaldsee)**, beliebter Badesee hinter dem Bürgerpark/Stadtwald mit FKK

**Weser-Stadion**, Franz-Böhmert-Str. 7, Tel. 4913110/11, www.werder-online.de, www.weserstadion.de

## Taxis

**Frauen-Nacht-Taxi**, 13334
**Taxi-Roland**, Tel. 14433
**Taxi-Ruf**, Tel. 14014 u. 14141

## Theater

**bremer shakespeare company**,
Theater am Leibnizplatz, Tel. 500222 (Mo – Fr 10 – 14, 15 – 18 Uhr) , www.shakespeare-company.com, Vorverkauf Tel. 500333, Di – Sa 15 – 18 Uhr
Mit einer radikalen Neuorientierung der Shakespeare-Rezeption machte sich die Company international einen Namen. Wie im Theater der Shakespeare-Zeit wird das Publikum geschickt in die prall inszenierten Dramen und Komödien einbezogen.

**Madame Lothárs Travestietheater**,
Kolpingstr. 9 (Schnoor), Tel. 3379191, www.madamelothar.de.
Madame Lothárs Travestie-Stars bieten Varieté-Kunst. Die zweiteilige Show findet in der Regel von Mittwoch bis Samstag sowie vor Feiertagen statt, Einlass ab 20 Uhr, Showbeginn 21.30 Uhr.

**MOKS Theater am Bremer Theater**,
Goetheplatz 1 – 3, Tel. 3653440, www.moks-bremen.de
junge akteure – die moks theaterschule Schildstraße 21, Tel. 1722720, www.jungeakteure.de
MOKS ist das Kinder- und Jugendtheater am Bremer Theater mit einer eigenen Spielstätte (99 Plätze) im Brauhaus, hinter dem Schauspielhaus.

**Musical Theater am Richtweg**, Richtweg 7 - 13, Tel. 3337590, www.musicaltheater-bremen.de, Kartenvorverkauf Tel. 353637, www.tsc.de

**Junges Theater Bremen, Kunst- und Künstlerhaus Schwankhalle e.V.**, Buntentorsteinweg 112, Tel. 700141, www.schwankhalle-bremen.de
Eigene Produktionen und Gastspiele der Off-Szene machen das Theater zu einer experimentierfreudigen und hochinteressanten Bühne in Bremen.

**Theater Bremen**, Goetheplatz 1- 3, Tel. 36530, Kartenvorbestellung Tel. 3653333, Mo - Fr 11 - 18, Sa 11 - 14 Uhr, www.theater-bremen.de
Dreispartenhaus mit mehreren Spielstätten. Im Bereich Tanz enge Kooperation mit Oldenburg.

**Theaterkontor Bremen**, Schildstr. 21, Tel. 706582, 9 - 13 Uhr, www.theaterkontor-bremen.de
Das Theaterkontor produziert auf kleinster Bühne in bemerkenswerten Inszenierungen Adaptionen klassischer Stoffe für Kinder und Erwachsene. Das Haus beherbergt auch die in Deutschland einmalige Theaterschule »junge akteure« für Kinder und Jugendliche.

**Theater im Packhaus**, Wüstestätte 11 (Schnoor), Tel. 326054, www.packhaustheater.de, **Theatrium**, Tel. 326813, Büro: Mo - Fr 9 - 13 Uhr, www.theatrium-puppentheater.de
Das Theater bietet vor allem Kabarett, Kleinkunst und Chansons. Im selben Haus befindet sich »Theatrium«, ein bei Kindern wie Erwachsenen gleichermaßen beliebtes Puppen- und Marionettentheater.

**Theaterschiff Bremen e.V.**, Tiefer 104, (das Schiff liegt unterhalb der Straße »Tiefer« direkt an der Weser), Tel. 7908600, www.theaterschiff-bremen.de
An Anleger 4 hat das Theaterschiff festgemacht und bietet Boulevard und Comedy.

## Unterkunft

Die folgende Auswahl beschränkt sich auf Hotels und Pensionen im Zentrum Bremens. Weitere Unterkünfte und Buchung: Bremer Touristik Zentrale (BTZ), www.bremen.de, Tel. 01805-101030.

**Apartment Hotel Rembertiring***, Rembertiring 49, Tel./Fax 3398676, www.apartment-hotel-rembertiring.de

**Atlantic Hotel Universum******, Wiener Str. 4, Tel. 2467-0, Fax 2467-500, www.atlantic-hotels.de

**Best Western Hotel Schaper-Siedenburg*****, Bahnhofstr. 8, Tel. 30870, Fax 308788, www.siedenburg.bestwestern.de

**Best Western Hotel zur Post******, Bahnhofsplatz 11, Tel. 30590, Fax 3059591, www.zurpost.best western.de

**Bremer Haus*****, Löningstr. 16 - 20, Tel. 32940, Fax 3294411, www.hotel bremer-haus.de

**Bremer Seemannsmission e.V.**, Jippen 1, Tel. 16944-0, Fax 16944-44, bremen.reservierung@seemanns mission.org. Preiswerte Alternative zur Jugendherberge.

**Camping Stadtwaldsee**, Hochschulring 1, Tel. 8410748, Fax 8410749, www.camping-stadtwaldsee.de, ganzjährig geöffnet.

**City Hotel Bremen****, An der Weide 18/19, Tel. 3648052, Fax 3648889, www.city-hotel-bremen.de

**Designhotel ÜberFluss**, Langenstr. 72, Tel. 322860, Fax 3228677, www.hotel-ueberfluss.de

**Domizil Hotel-Pension*****, Graf-Moltke-Str. 42, Tel. 3478147, Fax 342376, www.domizilhotel.de

**Hilton Bremen******, Böttcherstraße 2, Tel. 36960, Fax 3696960, www.hilton.de/bremen

**Hochzeitshaus*******, Wüste Stätte 5, Tel. 9860547 (Di–So 11–18 Uhr) oder 0162-1044954, www.hochzeitshaus-bremen.de

**Hotel Am Hillmannplatz Nr. 1***, Hillmannplatz 1, Tel./Fax 13258, www.am-hillmannplatz.de

**Hotel Bölts am Park***, Slevogtstraße 23, Tel. 346110, Fax 341227, www.hotel-boelts.de

**Hotel Buthmann****, Löningstraße 29, Tel. 326397, Fax 3398816, www.hotel-buthmann.de

**Hotel Hanseat*****, Bahnhofsplatz 8, Tel. 14688, Fax 170588, www.hotel-hanseat.com

**Hotel Hanseatic****, Glockengang 4, Tel. 325435 u. 9867788 oder 0173-3906474, Fax 3387440, www.hotel-hanseatic-bremen.de

**Hotel Haus Bremen*****, Verdener Str. 47, Tel. 949410, Fax 9494110, www.hotelgruppe-kelber.de

**Hotel Heinisch***, Wachmannstraße 26, Tel. 342925, Fax 3469946, hotel-heinisch@t-online.de

**Hotel Ibis Altstadt****, Faulenstr. 45, Tel. 30480, Fax 3048600, www.ibishotel.com

**Hotel Lichtsinn *****, Rembertistr. 11, Tel. 368070, Fax 327287, www.hotel-lichtsinn.de

**Hotel Mercure-Columbus*****, Bahnhofsplatz 5–7, Tel. 30120, Fax 3012123, www.hotels-bremen.de

**Hotel Rheinischer Hof***, Löningstraße 30, Tel. 324746, Fax 3347194, www.hotelrheinischerhof.net

**Hotel Royal***, Außer der Schleifmühle 73, Tel. 3288280, Fax 32882826

**Hotelschiff »Perle«**, Schlachteanleger 7, Tel. 949410, Fax 9494110, www.hotel-gruppe-kelber.de

**Hotel Stadt Bremen*****, Heinkenstraße 3–5, Tel. 949410, Fax 9494110, www.hotelgruppe-Kelber.de

**Hotel Weltevreden***, Am Dobben 62, Tel. 78015, Fax 704091

**Ibis Bremen Centrum****, Remberti-ring 51, Tel. 36970, Fax 3697109, www.ibishotel.com

**INNSIDE Residence******, Sternen-tor 6, Tel. 24270, Fax 2427-427, www.innside.de

**InterCityHotel Bremen*****, Bahn-hofsplatz 17–18, Tel. 1603200, Fax 1603599, bremen@intercityhotel.de

**Jugendherberge Bremen**, Kalkstr. 6, Tel. 163820, Fax 1638255, www.jugendherberge.de/jh/bremen. In der City an der Weser gelegen.

**Maritim Hotel und Congress-Centrum******, Hollerallee 99, Tel. 3789-0, Fax 3789-600, www.maritim.de

**Munte am Stadtwald******, Parkallee 299, Tel. 2202-0, Fax 2202609, www.hotel-munte.de.

**Park Hotel*******, Im Bürgerpark, Tel. 34080, Fax 3408602, www.park-hotel-bremen.de

**Ramada-Treff Überseehotel Bremen*****, Wachtstr. 27–29, Tel. 36010, Fax 3601555, ueberseehotel-bremen@ramada-treff.de

**Residence*****, Hohenlohestr. 42, Tel. 348710, Fax 342322, www.HotelResidence.de

**Townside Hostel Bremen**, Am Dobben 62, Tel. 78015, Fax 704091, www.townside-hostel.de. Liegt im

Ostertor/Steintor, Bremens angesagtestem Viertel

**Turmhotel Weserblick*****, Osterdeich 53, Tel. 949410, Fax 9494110, www.hotelgruppe-kelber.de

## Notrufe

**Polizei**, Tel. 110
**Feuerwehr**, Tel. 112
**Ärztlicher Notdienst**, Tel. 19292
**Kinderärztlicher Notdienst**, Tel. 3404444
**Zahnärztlicher Notdienst**, Tel. 12233
**Bremer Frauenhaus**, Tel. 349573

## Veranstaltungsorte

**Atelierhaus Roter Hahn**, Gröpelinger Heerstraße 226, Tel. 6197727, www.torhaus-nord.de. Veranstaltungs- und Ausstellungsort im Stiftungsdorf Gröpelingen/ Alte Feuerwache

**AWD-Dome,** Bürgerweide, Tel. 3505-331, www.awd-dome-bremen.de
Bis zu 200.000 Zuschauer finden im Saal des AWD-Domes (Stadthalle) Platz. Hier finden Messen und Kongresse, Sechstagerennen, Reitturniere und Musikveranstaltungen statt.

**Congress Centrum Bremen (CCB),** Maritim Hotel, Hollerallee 99, Tel. 3789-0, www.maritim.de

**Die Glocke**, Domsheide 4 - 5, Ticketservice Tel. 336699. Traditionsreiches Bremer Konzerthaus

**Haus der Wissenschaft,** Sandstraße 4/5, Tel. 218-695-00, www.hausderwissenschaft.de

**Kulturzentrum Schlachthof**, Findorffstr. 51, Tel. 377750, www.schlachthof-bremen.de. Alternatives Kulturzentrum in der ehemaligen Kesselhalle des Bremer Schlachthofs mit Avantgarde-Theater, Rock, Punk, Weltmusik und ambitionierten Kunst- und Politprojekten

**Modernes**, Neustadtswall 28, Tel. 505553, www.modernes.de, Bremens beliebteste Party- und Disco-Location

**Pier 2**, Gröpelinger Fährweg 6, www.pier2.de, Tel. 6918181. Im Stadtteil Gröpelingen befindet sich, angesiedelt in einer Werkshalle der ehemaligen Großwerft A.G. »Weser«, das Pier 2. Veranstaltet werden vor allem Konzerte, aber auch Partys und andere Events

**Schwankhalle, Kunst- und Künstlerhaus e.V.**, Buntentorsteinweg 112, Tel. 700141, www-schwankhalle-bremen.de. Modernes Veranstaltungszentrum für Theater, Tanz, Hörkunst und Musik

**St. Petri-Dom**, Sandstr. 10 - 12, Tel. 365040, www.stpetridom.de. Beliebter Aufführungsort für Orgel, Chor- und Kammerkonzerte

## Veranstaltungshinweise

Neben der Tagespresse informiert das kostenlose und überall ausliegende MIX kompetent und umfangreich über alle relevanten Veranstaltungen in der Stadt.
www.mix-online.de
Tagesaktuell finden sich alle Veranstaltungen gut sortiert auf dem offiziellen Bremen Portal www.bremen.de

# Register